僕、はまじ

浜崎憲孝

はじめに

今から30年以上前に、さくらももこ著の『ちびまる子ちゃん』が始まりました。

僕はその中に出てくる「はまじ」こと、浜崎憲孝です。はまじというのは「ハマチの養殖」からついたあだ名です。

『ちびまる子ちゃん』の中では、僕もまる子もたまちゃんも小学校3年生のままですが、現実世界ではみんな歳を重ねています。僕は上京したこともありましたが、今は、地元でもあり、漫画の舞台でもある静岡県清水区に戻ってきています。

僕には9歳年下の妹がいて、彼女は毎月『りぼん』を買って読んでいました。そして僕が20代の中頃のとき、彼女が、

「さくらももこの漫画にお兄ちゃんが出てる」

と言って、僕に『りぼん』を見せてきました。それは僕の初登場でもある「プールびらき」という話でした。水泳キャップのところに「ハマザキ」と書いてある少年が出て

いて、顔も僕に似ていたので、それが自分なのだと思いました。

それを見て僕は、エラいことになったなあと思うのと同時に、心の中に喜びが込み上げてきたのを覚えています。

さくらは小学校のときから、漫画家になりたいと言っていました。そしてそれがこうして叶っているのです。これがさくらの漫画なんだな、すごいことだな、と思っていました。なんだか自分の手柄のように嬉しくなってしまいました。

そして今回、僕もさくらのように自分の人生のことを書いてみたいと思い、ペンを執りました。漫画の中では馬鹿みたいに見えるし、漫画の中の僕はいつまでも年を取りません。いつまでも小学校3年生のままです。でも、実際の僕にはさまざまな出来事があり、人生がありました。

「プール事件」「戸川先生の思い出」「両親の離婚」「義父との関係」「高校中退」「漫才師を目指しての上京」

思い出すだけでたくさんのことが出てきます。

『ちびまる子ちゃん』のあとの「はまじ」の人生にどうか付き合ってください。

『僕、はまじ』目次

僕と『ちびまる子ちゃん』

ここでは『ちびまる子ちゃん』と僕とのことについて触れてみたい。クラスメイトや担任の戸川先生などを僕の目から書いてみようと思う。

また、これはあくまで僕の予測や思ったことなので、実際の漫画の内容とは違っているかもしれないけど、そのへんは許してください。

まる子

さくらと僕は小学校3~6年、中学2、3年と、6年間も同じクラスだった。さくらが授業中に、教科書の端などに少女漫画のような絵を描いていたのを覚えている。それは『ちびまる子ちゃん』のような独特な絵じゃなくて、その頃流行っていた目がキラキラしているような絵だった。

漫画にもあるように、僕も結構ドジをしたけど、さくらもドジだったと思う。漫画を描いているのを先生に見つかって叱られたり、リレーの練習中にバトンを落としたりしていた記憶がある。体育のときはちょうちんブルマーというスタイルだった。だけどやっぱり人間観察は得意だったので、そういうところから漫画家になったんだなあと思う。

あと、よく覚えているのは、さくらの顔が「おばあちゃん顔」だったことだ（こんなの書いていいのかな？）。さくらは目が悪くて赤い縁の眼鏡をかけていたので、それをかけているときは、よりおばあちゃんのような顔になっていた。漫画にも出てくるけど、そんなさくらのことを僕は「うめぼし」と言ってからかったことがあった。そんな僕はさくらから逆に「きゅうり」と呼ばれていた。僕は顔が長いからだ。

漫画の中で僕とさくらが噂になったという話があったけど、あれは多分、事実だと思う。というか、あの頃はあんなふうに黒板に相合傘を書いたりするようなことが流行っていた。そしてその2人のことをものすごくひやかすのだ。

書かれた相手は当然逆襲に出る。自分の名前を書いた相手の名前を今度は書くのだ。相合傘の上にハートマークをつけたり、周りにピンクのチョークでハートを散りばめたりと、どんどん相合傘が派手になっていくのだ。

たまちゃん

たまちゃんは笑い上戸だった。僕がなにか変なことをやって、それが他のクラスメイトにはうけなくても、たまちゃんだけは笑ってくれたりした。それも笑わせた僕の方が驚くぐらいの大声で笑うのだ。漫画ではおとなしいという感じに描かれているけど、実際は姉御肌の活発な女の子だった。

花輪君

花輪君のモデルは女の子だ。彼女の家は代々病院を経営していて、とてもお金持ちだったんだと思う。さすがに漫画に出てくるような豪勢な家じゃなかったけど、それでもかなりの大きさだった。僕の家は木造平屋の小屋みたいなものだったので、なんかそれを見て寂しい気持ちになったりした。

丸尾君

彼も名前は違うけど実在。黒い縁の分厚い眼鏡をかけていて、学級委員も常にやっているような男の子だった。でも「ズバリ」とか「でしょう」までは言わなかったけど。

彼は非常に真面目だったので、たまに僕はうずうずしてからかってみたくなることがあった。たとえば、休み時間に彼の眼鏡を奪って逃げる。すると彼は無言のまますごい形相で追いかけてくるのだった。

それが「眼鏡は私の命です。返してください」という感じなので、最初はふざけてやっていた僕も怖くなってきて、そのうちに本気で逃げるようになる。そんな追いかけっこをすることがあった。今思うとひどいことをした。

そのうちに彼は僕を警戒するようになって、僕が近付いただけで、眼鏡に手を当ててガードするようになった。

そして無言のまま、僕をキッと睨《にら》むのだ。

野口さん

彼女も実在（だと思う）。「クックックッ」と笑ったりはしないけど、あの暗いような存在感は似ていると思う。あだ名は「ごぼう」とか「黒いたち」「ノロ」だったりした。九官鳥のような喋り声で、こちらから話しかけなければなにも言わない。なんとも存在感があるようなないようなクラスメイトだった。

ブー太郎

ブー太郎は僕とよく遊ぶ友達で、実際はアカベーというあだ名だった。彼は漫画に出てくるように小太りでほっぺが赤く、髪型もあんな感じだった。アカベーの家はスーパーマーケットを経営していた。

アカベーは野球が好きで、僕とも野球をして遊んだ。アカベーは三人兄弟の次男だったので、アカベーの兄弟と近所の子を誘って、近くの神社で野球をした。カラーボールとプラスチックのバットという道具でだ。

塀を越えるとお墓だったので、ファウルを打つとすぐにお墓にボールが飛び込んでしまう。墓石にボールがぼんぼん当たって、花瓶も倒れたりして、本当に罰当たりなことをしたと思う。

そんなところをお坊さんに見つかってよく叱られた。

「こらー。小僧ども」

というお約束の台詞でお坊さんは叫び、僕たちは一斉に逃げるのだった。

アカベー（ブー太郎）の家はスーパーマーケットだったので、当時発売したばかりのカップラーメンを売っていた。そしてアカベーの家に遊びにいき、昼時になると、アカベーの母さんがカップラーメンを出してくれるのだった。その頃はまだ珍しいものだったので、僕はとても喜んで食べた。おいしい、おいしいと感動した覚えがある。

そうやってご馳走になったため、アカベーの母さんには感謝だった。

戸川先生

『ちびまる子ちゃん』に出てくる戸川先生はとても優しい先生だ。だけど本当の先生は「厳しい」の一言だった。僕やさくらたちのクラスは漫画と同じ3年4組だったけど、戸川先生はまるっきり違うのだ。

まず格好が違う。かけているのはあんなに穏やかそうな眼鏡じゃなく、サングラス。そして着ているのもスーツじゃなくて、ジャージだった。髪の毛は短いヘアースタイルでいかにも体育教師という見かけだった。年齢は20代後半だったと思う。

戸川先生の特徴十箇条

一、冬の日でも窓を開けていなければならない。寒いのに全員体操着でいなければならないし、それに元気にしていなければならない（無理にでも）

二、授業前に乾布摩擦を全員ですること。当時は女子も裸になってやっていたような気がする
三、授業中は姿勢を正しくしていなくてはならない。姿勢が悪いと背中に1メートルの物差しを入れられる。僕はよく入れられた
四、給食のときは、とにかくおとなしく早く食べろと言われる
五、下校前のホームルームがとても長い。戸川先生の作詞・作曲の帰りの歌を歌ってから、反省会みたいなものをやってようやく帰れる
六、サッカー部に入りたくないのに男子はサッカー部に入れさせられる
七、ビンタをする（これは痛かった）
八、教室で煙草を吸っている
九、戸川先生宛に男女順番に日記を書いて提出する
十、それらのことを全て生徒のためだと思っている
とりあえず僕の中にある先生は「怖い」とか「厳しい」という印象が強くて、『ちび

まる子ちゃん』の戸川先生とはまるっきり逆だった。さくらもそのことを分かっていて、優しい先生だったらいいなと思って、ああいう風に描いたのかもね。

それに僕は漫画のようにお調子者で、どうしようもないことをしていたので、よく先生には怒られた。

六の「サッカー部に入る」っていうのは本当にひどかったと思う。たしか塾にいっている者はサッカー部に入らなくてもいいということだったので、そのために急に塾にいくようになったやつもいたぐらいだ。

僕は塾も嫌だったし、サッカー部も嫌だったけど、どちらかといえばサッカー部の方がいいと思って、サッカー部に入った。そのためにサッカーボールとバッグを親に買い揃えてもらった。

学校が終わって一回家に帰り、ボールを持ち、学校にいく。当時は学校になぜかボールを置きっぱなしにしておいてはいけなかった。どうしてだろう。盗まれるからだったのかな。だから僕はいつも「めんどくせえなあー」と思いながらサッカーの練習にいくのだった。それも1日置きとかに練習はあった。

さぼると戸川先生になんで休んだのかと尋問され、元気なのに休んでばかりだとビンタを張られる。僕はよくさぼったので他のクラスメイトよりたくさんビンタを張られた。戸川先生のビンタは教室中に響き渡るぐらいの音がしてとても痛かった。

入部してから2カ月ぐらい経つと、練習を集団でさぼり始めるようになる。これが小学生らしい考え方だが、みんなでさぼれば、みんなビンタなので、戸川先生もそれだけビンタをしたら手が疲れて威力が衰えるんじゃないかという気持ちだった。そしてやっぱり集団さぼりがバレて、みんなでビンタを張られた。確かに1人のときより痛くなかった。それに先生の手も赤くなっていてジンジンして痛そうだった。そんなことがあったあと、親から学校にクレームがきたらしい。そんなに子どもにビンタをするなってことでしょう。

そしてサッカー部を辞める者が出てきて、その理由は先生に言わなければならなかったので、みんな、病弱とか、塾に入ったとか、鼻血が出やすいからとか適当な理由を言って辞めた。学年の終わりぐらいになるとサッカーを続けているのは、本当にサッカーが好きな者しかいなくなった。

僕もサッカー部を辞めた。いくらサッカーの人気が高い清水だとはいっても、みんながみんな興味あるわけじゃない。真のサッカー好きじゃないと部活は無理だ。それに小3にとって夜7時まで部活をやることはとても嫌なことだ。それまで見ていたアニメが見られなくなって、悔しい思いをした。

なんにしてもサッカー部を辞められてよかった。たしか僕は塾に入ったことにした。そんなふうに小さい頃は変な嘘ばっかりついていたと思う。ちょっと反省。


戸川先生の思い出ですごいなあと思うのは学級対抗のリレーのときのことだ。当然、隣のクラスに負けたくないからみんな真剣になる。それは生徒も先生も同じだった。だけど先生は生徒よりもきっと張り切りすぎたんだと思う。

リレーで勝つためにはどうしたらいいのか？　と学級会で話し合っていた。当然、練習第一ということになって、練習は毎朝あった。先生も毎日早朝にやってきたのでさぼることはできなかった。

毎日毎日、練習をして大会前日になった。すると先生は、明日、レース前にレースで燃えられるように秘密の飲物を飲ませると言っていた。僕はなんだろうと思った。みんな分からなかった、カルピスかなにかだと思っていた。

当日、グラウンドに出る前に教室で一列に並ばされた。そして「秘密の飲物」を飲むことになった。

なんと、ウイスキーだ。

キャップにウイスキーを少しずつ注いで1人ずつ飲んでいく。みんな、うえーとかひえーとか言っている。

僕の番になり、僕も飲む。確かにレースで燃えられそうだった。喉が熱くなってヒリヒリする。

クラス40人で飲んだので1本空けてしまったと思う。ウイスキーの品名は当時分からなかったけど、今思い出すとたぶん安物だ。

だけど、すごい先生だ！

なかなかいないと思う。今の時代じゃ、いない。発想がすごいからだ。

だけど結果は1位にはなれずに2位だった。飲酒が問題なのか、実力不足なのかは分からなかったけど、優勝はできなかった。ちょっとふらふらして走っていた生徒もいたかもしれない。

そしてビンタのようにそのことも、後日、親から学校にクレームがきていた。また戸川先生が問題になったのだ。だけど先生の作戦も分からないではない。アルコールを飲んでテンションを上げてやれってことなんだろう。だからって子どもにウイスキーはまずかった。僕は飲んだけど、まったく受けつけない生徒もいた。そういう子にも強制的に飲ませたのがアダとなってクレームがきたんだと思う。やっぱり戸川先生はアウトローだ。

二人の父

離婚

僕の実の父はギャンブルと酒が好きな漁師だった。父の名は憲三《けんぞう》という。僕は憲孝《のりたか》だから、父の字をもらったことになる。

父は漁師なので一度海に出ると3カ月ぐらい帰ってこなかった。半年帰ってこなかったこともあった。そういう仕事なので帰ってくるとそのまま1カ月ぐらいは家にいた。小さかった僕は父が漁に出てしまうのが寂しくて、父が仕事にいくときは必ず、今度いつ帰ってくるのと聞いていた。そして仕事にいったあとはよく母に、

「あと何日で父ちゃんは帰ってくるかな？」

と聞いていた。母は帰ってくる日を教えてくれて、僕は父が帰ってくる日を待ちわびながらカレンダーに印をつけていった。

父が帰ってくるときは港まで迎えにいく。何か月も会っていなかったので、そのときはとても嬉しくて僕は大喜びだった。それにその日父は給料をたくさん持っているので、

母に洋服を買ってあげたりしていた。そのときの母は照れたような表情をしていた。

父は帰ってくるとお土産を持ってきてくれるが、僕や弟のためではなく、家の飾りとしてのお土産だった。ワニの剥製《はくせい》とか洋酒とか、変なお面みたいなものとか、そういうものが家に溢れていた。海外の写真もよく見せてくれたけど、その頃の僕はあまりピンとこなかった。そして父はとても酒飲みだったので帰ってくると一日中酒を飲んでごろごろしていた。

酒を飲んでいるとき父はビックリボール（スーパーボールとも言います。すごく跳ねるボールです）を口の中に入れてお尻から出すという手品をよくやってくれた。まだ幼稚園ぐらいだった僕はその手品を不思議だと思い、父にタネを教えてくれと言ったけど、教えてくれなかった。でも機嫌がいいときは頼むと何回でもやってくれた。今となってはいい思い出だけど、不精髭を頬にジョリジョリとやられるのは痛くて嫌だった。

父に連れていってもらった場所で思い出に残っているのは「釣り」と「競輪場」だ。

父は漁師というだけあっておかしな魚が釣れるポイントを知っていて、その日、僕は父の言う通りに釣り竿を持っていると、次々にフグが釣れた。というよりフグしか釣れなかった。フグは本当に膨れっ面で釣れてくるのでそれを見て僕は楽しかった。

　競輪場はやたらうるさい場所だったという印象しかない。なにも分からない僕の隣で父は大声を出して選手を応援していた。父は競輪が趣味で、よくスポーツ新聞を開いてレースの予想をやっていた。母はギャンブルが嫌いだったので、父がそういう新聞を広げているのを見てはケチをつけていた。それで口論になることもあった。

　父の酒を飲む量はどんどん増えていって、いかなければならない仕事のときも酒を飲んでいかないようになってきた。そのことが原因で母と父はよく喧嘩していた。僕と弟はそういう喧嘩を見るのが辛くて、いつも別の部屋にいったり、家の外に出て時間を潰したりした。

　そして僕が幼稚園を卒園する頃、父と母が離婚した。仕事にいかず酒ばかり飲んでいる父に愛想をつかして母の方から離婚を迫ったそうだ。そのときの喧嘩の様子は僕と弟は知らない。僕たちの眠っていたときかもしれないし、幼稚園にいっているときにあったのかもしれない。

　とにかく、離婚したのだ。

そして僕と弟はともに母に引き取られ、引っ越しをした。それが小学校から16歳まで住む清水区恵比寿町だ。もちろん父には恵比寿町にいるということは知らせていなかったらしい。

幼稚園ぐらいだと離婚というものがよく分からなかったし、そもそも父はあまり家にいない人だったので、僕はそんなに悲しんだりしなかったと思う。ただ、父にはもう会えないのかなあと思うと寂しくなった。

父の訪問

恵比寿町の家に引っ越して数か月が経ち、母と僕が買い物から帰ってきたとき、家の前で父が待っていたことがあった。父がどのようにして引っ越し先の家を知ったのか分からなかったけど、とても寂しそうな立ち姿だった。

母は父を見るなり、僕に、

「早く家に入りなさい！」

と大きな声で怒鳴った。僕は父と遊びたかったけど、そう言われたら家に入るしかない。僕が家に入ると母は急いでドアの鍵を閉めた。雨戸も閉めた。家の中が暗くなった。

僕は父のことが気になって、何度も雨戸の隙間から外にいる父を眺めていた。はじめ父は玄関の近くのブロックに座っていたりしたけど、いつの間にかいなくなった。そのあと電話が鳴ったが、それも父からだと思い、母は出なかった。いかにも父には会いたくないという感じに見えた。

そのようにして父は恵比寿町の家を知っていたので、もしかしたらそれ以前にも何度も家にきていたんじゃないかと思う。だけど家の門を潜ることは諦めて、帰っていったんじゃないだろうか。

それから小学校3年のときにも父は二度家にきた。

一回目は夜7時頃だったと思う。父は酔っ払ってやってきた。その頃、母は水商売をしていたので、その時間には家におらず、代わりにお手伝いさんがいた。お手伝いさんは父のことを知らなかったが、

「僕の父です」

と僕と弟で言ったら家に上げてくれた。

父は漁の話や海外の話などをしてくれた。お手伝いさんも一緒になって聞いていた。そうやって話すのは久しぶりなので僕は嬉しくて、ビックリボールの手品をねだってやってもらった。だけど父は酒の飲みすぎが原因なのか手付きが下手になっていたので、手品のタネが僕に分かってしまった。それとも僕が小学校3年になったからかな。昔はあんなに興奮して見ていて、教えてもらいたいと思ったタネもそうやって見えてしまうとなんだか寂しかった。それから父は2時間ぐらい家にいて、帰っていった。

そのことをお手伝いさんは帰宅した母に伝えたようだ。すると母はびっくりしていたらしい。そしてお手伝いさんに、

「二度と家には入れないように」

と言っていたようだ。

お手伝いさんは僕と弟に、

「別に悪い人ではないのにねえ」

と言っていた。

二回目はそれから1カ月ぐらいあとのことだった。だけどお手伝いさんは母から、上げるなと言われていたので、玄関先で父にそのことを説明していた。そして父は家に上がらなかった。僕と弟は上がってもらって遊びたいと思っていたのでがっかりした。父はケーキを置いて帰っていった。それが僕と弟の見た父の最後の姿だった。

父の死

それからは父に会うことはなかった。僕の方も成長とともにあまり父のことを考えなくなり、月日は流れていった。

そして僕が16歳のとき、母から、

「お父さんが死んだよ」

と伝えられた。ショックだったけど、僕はすぐに酒で死んだんだなと思った。それにその頃、僕は反抗期で親に対して反発的な態度をとっていたので、驚きが少なかったと思う。今となってみれば父ともっと接したかった。そしてタネがバレていてもいいから、もう一度、あのビックリボールの手品を見せてもらいたかった。

義父との出会い

僕が小学校2年になった頃、母が「友人」と称する男性を家に連れてきて、僕と弟と一緒に食事をしたり、遊園地にいったりした。それが将来僕の義父になる人だった。彼は小柄で、眼鏡をかけていて、髪型は七・三という、いかにも真面目という感じの人だった。それに実の父と違って酒やギャンブルもやらなかった。仕事は土木工事や建設基礎の会社の経営者だった。でも従業員は2、3人だったので、会社というよりは事務所を構えているという雰囲気だった。

「母の友人」として紹介された義父はそれから何度も家にきたり、泊まったりするようになった。僕の家は2Kの長屋だったので、そこに1人増えると余計に狭くなってしまう。だんだん泊まる日が増え、いつの間にかずっと家にいるようになった。僕と弟は複雑な心境だった。自分たちの空間に住みつかれたような気がしていて、僕はちょっと嫌だった。弟はまだ小さかったのであまりよく分かっていなかったようだ。

義父は酒も飲めないため、水商売をやっていた母とはどこで知り合ったのか分からない。今更聞くのもどうかと思って、それは謎のままだ。

一緒に住み始めた頃、義父は僕と弟を気遣っていたみたいだった。そして僕たちに早く慣れてもらえるようにと、日曜日ごとにドライブや遊びに連れていってくれて、それは楽しかった。実の父はそんなことをしてくれなかったからだ。

そして義父は、怒るときには怒れる人だった。僕と弟が喧嘩をしたときは兄の僕がいつも怒られていた。弟が悪いときもそうなので、それには納得がいかなかった。

小学校3年のときは脱走や登校拒否（このあと出てきます）のこともあり、学校で怒られ、家でも怒られるという、「怒りの二重構造」になっていた。ちょうどそのとき、学校にいかないからという理由で初めて殴られた。小学校3年の子を殴るというのは愛のムチとは言えないと思う。それで反省しようと思うわけじゃなく、それはただ恐怖の対象でしかなかった。そういうことが続くうちに僕は義父のことを好きではなくなり、いつしか嫌悪感を抱くまでになった。

僕とは9歳差で、僕に『ちびまる子ちゃん』のことを教えてくれた妹は僕が小学校3年のときに産まれた。妹は義父と母の子で、家庭内のアイドルになった。義父にとっては実の子であるし、僕も年齢差があるので可愛くてしょうがなかった。それによってギスギスしていた家庭が一気に華やいだ感じになった。それまで義父は家に帰ってきても、テレビを見ることとご飯を食べること以外になにもしなかったが、妹の誕生により、義父の帰宅後の楽しみが増えたようだった。家に帰るとすぐに妹のところに向かうようになった。

妹の誕生もあり、狭いわが家にも親類の人がやってくることがあった。親類のおじさんは必ずワインやビールを持ってきて、それを義父に勧める。義父はとてもお酒に弱くて、少し飲むだけで真っ赤になってしまうのだった。僕はそれを見て心の中で笑っていた。

通信簿とカニエイの歌

小学5年のある日、突然、義父が、

「憲孝、キャッチボールをやらざぁ」

と言った。そんなことそれまでなかったので僕は驚いたけど、キャッチボールをやった。義父は僕よりも下手だったけど、そのキャッチボールでボールを交換しているうちに、僕は初めて義父のことを本当の父さんのように思えたのだった。やっぱりキャッチボールっていうのはとてもいいコミュニケーションだと思う。

中学生のとき成績がかなり悪くなり、説教されたことがあった。それまでにも叱られたことはあったが、勉強のことで叱られたのは初めてだった。僕が通信簿を見せると、

「高校には絶対にいきなさい」

と厳しい顔で言っていた。

国語：2
数学：1
理科：2
社会：2

英語：2
音楽：4
体育：3
美術：2
技術：2
（5段階評価）

これじゃあ、心配するのも当然か……。特に数学は中1から中3まで「1」のオンパレードだった。義父は僕が高校にいけないと思って心配していたようだ。だけどそんな小言を僕はうるさいと思っていた。

そんなこんながあったけど、僕は高校にいくことができ、高校では空手部に入った。その頃になっても義父と口喧嘩することは多かったが、そのときに一度空手のポーズをしたことがあった。すると義父はものすごく怒り、

「お前は喧嘩のために空手部に入ったのか！」

と言った。

義父と喧嘩をすると、それから2週間ぐらいはお互いに口を利かなくなる。そういうときはなにも頼み事ができなくなるので、そういう点は困った。そんな関係は僕が20代後半になるまで長く続くのだった。

僕の小学校からの友人で親友の「カニエイ」も義父のことをよく知っていた。その上、僕の家庭環境を完全に把握していたので、中学生のときには僕の家族の名前を使って歌まで作ってしまった。しかもその歌詞を中学卒業のときの文集に載せてあったのにはまいった。それにカニエイは僕の家の前でその歌を歌うのだ。

ババ、カワイイ
なんでそんなにカワイイのかな
だって、ヨドガワ眉毛だから
だって、ケンゾウの息子だから

だって、イクヨだから
だって、さゆりだから
だって、マサアキだから
だって、タケオだから
よいよいよいよい

「ババ」っていうのはカニエイ限定の僕のあだ名だ。他の人は「はまじ」と呼ぶのに、彼だけは僕を「ババ」と呼んでいた。僕が、ジャイアント馬場の真似をしたことに由来している。その僕がカワイイっていうのは、カニエイは僕の大きな耳をとても気に入っていて、それを「芸術的な耳」と言っていた。そしてカニエイは僕の耳を、歯を立てずに唇で噛みにくることがあった。別に僕とカニエイにおかしな関係があるわけじゃない。念のため。僕は他の人からカワイイと言われたことなどなかったけど、カニエイだけは僕のことをカワイイと呼ぶのだった。

「ヨドガワ眉毛」というのは僕の眉毛が映画評論家の淀川長治《よどがわながはる》さんに似ているところか

らきている。そして「ケンゾウ」が父、「イクヨ」が母、「さゆり」が妹、「マサアキ」が弟、「タケオ」が義父だった。

そんなのを歌われるのでたまらない。しかも毎日歌っているので当時5、6歳だった妹が覚えてしまって、僕や母の前でそれを歌うのだった。妹は歌詞の意味が分かっていなかったが、それはとても恥ずかしいし、困った。

僕が17歳になった頃、ビデオデッキの裏に一本のビデオを発見した。なんとそれは『洗濯屋ケンちゃん』だった。モザイクなしのアダルトビデオだ。義父はそれをこっそり見るためにビデオの裏に隠してあったのだった。そのとき僕は初めて無修正のビデオを見て、ただただ圧倒されてしまった。

義父は本当に仕事が好きな人だった。仕事の電話が家にかかってくると、普段のときの口調とは全然違う。丁寧な話し方になり、相手に敬意を持っているように話していた。そしてそれがとても大きな声というのが特徴だった。電話相手の耳が痛くなってしまうんじゃないかと僕が心配するぐらい、その声は家中に響き渡った。

波瀾の小学三年生

地獄のプール

3年4組は『ちびまる子ちゃん』の舞台であるし、僕にとっても最も印象に残っている1年間だ。いろいろなことがあったけど、僕にとっては過酷な年だった。漫画に出てくるように呑気におちゃらけてばかりはいられないほど、様々な問題が起こった。その発端でもあり、これから先も絶対に忘れられないのが水泳の授業だ。不思議なことに『ちびまる子ちゃん』でもプールのシーンが僕の初登場ということになっている。漫画の中では一話で終わるだけで、その後のことは描いてないけど、僕にとってはそのプールから全ての悪夢が始まるのだった。

3年生になり2カ月が経ち、プール開きを迎えた。
僕はまったく泳げなかった。だけど1年生と2年生のときのプールの授業は水に顔をつける練習をしたり、バタ足の練習だったりして、案外、楽しかった。だけど3年生になり本格的に泳がなければならなくなった。その上担任の戸川先生は学校で最も厳しい先生なのだ。

それでもプール開きのときは結構自由にやらせてくれた。水に潜って友達とジャンケンをしたり、プールに潜って底にまいた石を拾ってきたりした。だけど僕は水の中で目を開けられないので、すぐに出てきてしまって、石は全然取れなかった。だから足で探して拾ってごまかしたりした。そんな感じで終わったプール開きの日は楽だった。

しかし、それから試練が始まるのだ。

2回目の水泳の授業は、泳げる人と泳げない人に分けて行われた。もちろん僕は泳げない方だ。クラスには40人ぐらい生徒がいたけど、その中で泳げない人は僕を入れて4人だけだった。その4人は顔を水につけることもできない人たちで、そのときまで僕は彼らとそんなに仲良くなかったけど、わずかな仲間ということで奇妙な友情が芽生えたりした。

そんな僕たちを尻目に、泳げる人たちは楽しそうに自由に泳ぎ回っていた。その隣で泳げないチームの僕たちは水の中で目を開ける練習をする。

漫画の中で僕は目を開けているけど、本当は水の中で目を開けられなかった。目に染みるし、驚いた弾みで鼻から水が入ってきて苦しくなってしまう。鼻の奥がツンと熱くなってむせてしまうのだ。漫画の中の僕のひどい顔はその通りだと思う。

そんな僕はすぐに水から頭を上げようとするが、僕たちを指導している戸川先生は僕の頭を手のひらで押さえつけて、水から出させてくれない。その上、無理に水の中に押し込んだりもした。

それは恐怖だ。それ以上ない恐怖だ。「死ぬ」という思いがザワザワと湧いて、パニックになる。僕以外の泳げない3人もみんな頭を押さえつけられていて、パニックになっていた。

2回目の授業でそんな様子だったので、僕は、「これは今年のプールはただごとじゃすまないだろうな」と思い、次のプールが怖かった。

だけど体育の授業は週に4回もあったので、すぐに次のプールがきてしまう。たまに一日空くこともあるけど、ほとんど毎日プールという感じだった。

僕は、「嫌だ嫌だ」と思いながら水着に着替え、プールに向かう。泳げるチームの人たちは楽しそうなのに、泳げないチームの4人は、今から拷問にかけられる捕まったスパイみたいな顔になっている。

3回目の授業の課題は「飛び込みの練習」とのこと。それを聞いて僕は、これはいかにも鼻に水が入るぜと思った。水の方から鼻目がけて飛び込んでくるようなものじゃないか。そんな僕にはお構いなしで、まずは泳げるチームの人たちからプールに飛び込んでいく。うまくできる人もいるし、腹から飛び込んでしまい、腹が真っ赤になる人もいた。

そして僕の番がくる。

正しい飛び込みのやり方を戸川先生から教わる。

「耳に腕をつけ、まっすぐ腕を伸ばし、指先から」ということだったけど、僕の場合は怖くて、そうすることができなかった。足からプールに入っていくということしかできなかった。足飛び込みっていう感じだったのに、それでもなぜか鼻に水が入ってきたりして、ひどくむせるのだった。

必死の思いでプールから上がると、先生が、

「浜崎、もう1回やってみろ」

と言う。

そして何度も飛び込みをやらされるのだった。だけど自分でも情けないほど、どうしても足から落ちることしかできない。水が怖くてしょうがなかった。

そのうちに先生が僕の隣にきて、飛び込みの姿勢をとらされる。そして次の瞬間、先生が僕の背中を突き飛ばした。思ってもいなかったのに、押されて、僕は頭から水面に突っ込んでいった。そのときはいまだかつてないぐらい鼻から水が入ってきて、パニックになり、僕は溺れるように「あっぷあっぷ」していた。そしてやっとのことでプールから上がると先生は、

「今みたいに飛び込むんだぞ」

と冷たく言った。

それを聞きながらも僕は今の飛び込みのことが恐ろしくてぶるぶると震えていた。しかしそれで僕の飛び込みが終わるわけじゃない。

「浜崎、もう一度だ！」

先生から声がかかる。そして僕はまた飛び込みの姿勢をとらされ、背中を押されるのだ。さすがに2回連続はこたえた。鼻と口の両方から水が入ってきて、僕は溺れて、手足を激しく動かしていた。するとなんと先生がTシャツのままプールに入ってくるではないか。

これで助かった。

そう僕は思った。先生が助けてくれるに違いないと。

先生は僕のすぐ近くにやってきた。すると、なんと、先生は僕を高く抱き上げて、おもむろに水面に叩きつけた。なにをしやがるんだと言うこともできない一瞬の出来事だった。

大脱走

僕はなんとか自力でプールから上がって、そうしたら涙が出てきた。怖いし、そんなところをみんなに見られて恥ずかしかった。

それでも飛び込みは終わらない。また1人ずつプールに飛び込んでいく。そしてだんだん僕の順番が近付いてくる。先程の恐怖が脳裏に蘇る。みんなは軽やかに飛び込んでいく。僕の順番は近付く。あと数人で僕の番になる。僕は水が怖い。また鼻から入ってくるんじゃないか。耳が聞こえなくなるんじゃないか。そして今度こそ、溺れて死んでしまうんじゃないか。そんなことばかり思う。

僕はそんなプレッシャーの中、プールの入口をぼんやりと眺めていた。あと3人で僕の番になる。前の人たちが飛び込んでいく音が僕には恐ろしく聞こえる。そのとき僕はこんなことをひらめいてしまった。

逃げ出しちゃえ。

そう思うのと同時に、僕はプールサイドを走り、入口の金網を潜り、海パンのままグラウンドを横切った。

グラウンドを横切って、そこからプールを振り返って見ると、みんな唖然とした顔をしている。戸川先生もびっくりしたような顔をしていた。口をぽかーんと開けているようにして、みんな僕を見ていた。

先生が追いかけてくるかもしれない。

僕はそう思った。だけど先生は唖然とした表情のままで身動きひとつしなかった。呆気にとられていたのかもしれない。だけどまだ分からない。急に我に返ってダッシュしてくるかもしれないと思い、僕は走って逃げた。

正門から学校を飛び出した。

もちろん海パンに黄色の水泳帽という格好だ。靴も履いていない。それで通学路をひたすら走る。クラスメイトがどう思っているとか、そういうことは気にならなかった。ただ、逃げなきゃ先生にヤラれるって思って、走る。

昼頃ということもあって通学路にはあまり人がいなかったけど、それでも僕を見かけたどこかのおじさんは口を大きく開けていた。びっくりしたんだと思う。僕はそのまま走っていって、学校からかなり離れてから、ああ、オレは脱走してしまったんだな、とようやく気付いた。それまではそんなこと考えていられなかった。飛び込みを次にやらされたら大変なことになる。だから逃げなきゃと思うので精一杯だった。

どうしようか。

走るのをやめて僕は悩んだ。学校も終わってないし、こんな格好のままじゃ家にも帰れない。かといって学校には戻りたくない。特に上半身が裸っていうのが非常に心細くなってきた。僕はとぼとぼと歩きながら考えた。

家には先生から電話が入っているだろう。だからそういう意味でも家には帰れない。どこにいけばいいんだろう。

そして思い付いたのが家の近所の広場に横になって積み重ねてあるドカンだった。『ドラえもん』の空地にあるようなドカンと同じ形だ。それは下水工事用のものだったと思うけど、小学生が充分入ることのできる大きさだった。それに、そのドカンの中から僕の家を見ることができる。これはいいぞ、と思って僕はドカンのところに再び走った。

ドカンの中で

ドカンの中に入ったのはいいけど、端の方にいると通行人からまる見えになってしまう。だから僕は真ん中に移動して身を隠していた。そしてたまに自分の家の様子を確認するために端の方に寄って、家を覗く。

　ドカンに入ったのはだいたい午前11時頃だったと思うけど、僕はじっとその中で我慢をしていた。すると2時か3時頃になって、オレンジのTシャツにジャージ姿の男が広場の前の道を自転車で走っていくではないか。

　あっ、戸川だ！

　と思い、僕はドカンの中央に隠れた。そんな僕を見つけることはできなかったようで、先生は僕の家に入っていった。そして数十分は家から出てこなかった。プールでの出来事や、裸で逃げたということを母さんに話していたんだと思う。そして家から出てきたときに先生は周辺をキョロキョロと見ていた。子どもが隠れるのは家の近くに決まっていると思っていたんだろう。実際その通りだ。だけど結局、僕は見つからずに、先生はきたときと同じように自転車をこいで帰っていった。

　それを確認してから僕はドカンを抜け出て、家にいき、そっと玄関のドアを開けた。そして母に分からないように、こそこそと家に入っていった。だけどすぐに母は出てきて、

「あんた、とんでもないことをしたね。すぐ学校に戻りな」

と言われた。

そのときまで僕は学校に迷惑をかけたことがなかったから、脱走をしたことで、母は大きなショックを受けていた。戸川先生にしても自分のクラスの生徒が裸で脱走なんかしたら大ごとだし、そのことに関しては悪いことをしたと反省した。だから母に、

「これから服を着て学校にいく」

と言って家を出た。

でも、反省するのとプールが怖いというのは違う話だ。それにもう学校は終わろうとしている時間だったので、今更いってもしょうがないと思い、僕は家の近くにある中学校のグラウンドに向かい、夕方になるまでグラウンドの隅に座っていた。そのときの夕日はとても赤くて、今でも覚えている。それを見ながら切ない気分になったことも覚えている。

それから家に帰ると、僕が学校にいかなかったことを母は知っていて、

「学校にいかなかったね」

と僕を叱った。先生は僕の家から帰ったあともちょくちょく電話をかけてきたらしい。そして、

「明日は学校にきなさい」

と言っていたそうだ。

だけど次の日も水泳の授業がある。学校にいきたくないわけじゃない、水泳の授業であんな無茶な飛び込みをさせられたくないだけだ。僕はそのことを思い出して、明日の学校はどうしようかなあと思った。だけど母には、「いく」と言っておいた。

その夜、仕事から帰ってきた義父に母が脱走のことを報告し、僕は初めて義父に殴られる。彼は僕のしたことがどうしても許せなかったようで、相当怒られた。そして僕は、泣いた。

二度目の脱走

翌日、ランドセルをしょって普段通りに家を出た。

だけどプールはあるし、昨日のことで先生に怒られると思うと気が重くなってきた。みんなの前でさらし者にされるに違いない。そしてまた頭を押さえつけられて水に潜らされたり、あんな飛び込みをさせられたりするのだ。

小学校の近くまではいったけど、僕は学校にいくのをやめてしまった。きた道を引き返して、アテはないけど、逆の方向に歩き始めた。

どうしようかな、どこにいこうかな、家には帰れるわけがないし、ランドセルを背負ったままだからどこにいっても怪しまれるし、中学校のグラウンドに一日中隠れるのも難しそうだし、ドカンの中に一日いるのはもっと大変だし。

いろいろ考えて僕は神社のある公園に向かった。あそこなら人は少ないし、いいかもしれないと思ったのだ。すると案の定、誰もいなくて僕は神社の裏に隠れていた。

3時半頃に学校が終わるので、僕はその時間になったのを確認して、いかにも学校帰りという感じで家に帰った。だけどそんなのはすぐに母にバレてしまう。その日も先生が家にやってきたし、電話もあったらしい。その夜、僕がまた学校にいかなかったことを母は義父に告げて、僕は再び怒られた。

次の日はなんと戸川先生が迎えにきた。しかも自転車できた。

連れ去られると思って咄嗟に逃げようとしたけど、母に逃げ道をふさがれた。僕はそれをすり抜けようとしたけど、そのときにはすでに先生の手が僕をつかまえていたのだ。母はその前の日に先生と口裏を合わせていたらしい。

つかまった僕は自転車のうしろに乗せられて、先生の腰をつかんで学校まで連れていかれた。

クラスに入ると、みんなが物珍しそうに僕を見ていたり、「脱走したあとの昼休みにみんなで学校の回りを探したんだよ」と言われる。「今日もプールがあるぞ」とも誰かが言った。

それから僕は教室の前の教壇のところに立たされる。そして先生が、

「浜崎、脱走して裸でどこにいたか話せ」

と言う。なぜみんなの前でそんなことを話さなければならないのかと思ったけど、先生はとても怖い顔をしていたので、これは話さなければならないのだろうと思った。そ

して裸で走って逃げたことや、ドカンの中に入ったことや、その中から家を観察していたことなどを話した。

それをボソボソとした声で話していたので、

「もっと大きな声で話さなければみんなに聞こえないじゃないか」

と先生に叱られたけど、別にみんなに聞こえる意味なんてないじゃないかと思って、嫌になった。なんで僕がドカンにいたことをみんなに伝えなければならないんだろう。迷惑をかけたから？　心配をかけたから？　それを無理に話させられるのはつらかった。

そして先生がいろんなことを尋問してくる。だけどそれは答えようのないものだったり、今話したばかりのことだったりしたので僕は黙っていた。すると、

「ちゃんと喋れ！」

と怒鳴られる。だから僕は泣きながら呟くように先生の質問に答えて、最後にクラスメイトに、

「迷惑かけてすみません」

と謝った。

そんなことがあってもまた水泳の授業はやってくる。それがあと何ヶ月も続くのだ。

次の水泳はビート板を使っての練習だった。それも嫌なことには変わりないけど、なにより顔を水にあまりつけなくてすむので、まだいいと思った。

その日は戸川先生も海パンになって、付きっきりの指導をしていたので、いつ乱暴なことをされるのかとビビッていた。だけど頭を押さえつけて水に潜らせようとしたり、飛び込みをさせたりということはなかったので、少し安心した。またそんなことをされたら、脱走しようと思っていたのだ。そうはならなくて、そのこともよかったと思った。別に僕は脱走したいわけじゃないのだ。それに前回までは開いていたプールの門が脱走後、警戒厳重になって閉められるようになってしまった。

その日の帰りのホームルームで先生から爆弾発言があった。

「明日から、放課後全員、25メートル泳いで帰ること」

なんてことを言うんだと思った。そんなことをしたらせっかく体育がなくてプールに入らなくていい日も毎日泳がなければならなくなってしまう。その提案のせいで、次の日は体育の授業がないのに、放課後のプールはある。

朝起きて、学校にいきたくないと思ったけど、体はいたって健康だったので休むわけにはいかなかった。

学校に着くと、泳げないチームの友達と、「今日から毎日つらいね」と話す。みんな暗い顔をして頷く。賑やかな教室の中でそこだけお通夜の席になったみたいだった。

1時間目の授業も2時間目の授業も頭に入らなくて（それは、いつもかな……）、放課後のプールのことだけが気になる。

そして3時間目の休み時間になる。僕はもうプレッシャーに堪えられなかった。そして再び決意する。次の授業で使う予定帳をシャツの中に隠し、隣の女子に、

「予定帳を忘れたから家に取りにいってくる」

と言った。

僕がシャツの中に予定帳を隠したことは見破られていて、

「自分で先生に言えばいいじゃん」

と言われたけど、

「すぐ帰ってくるからいってくるよ。先生に言っておいて」
と苦し紛れに答えて教室を出た。そして学校を出る。先生に直接言ったら、水泳があるから逃げるつもりだということが分かってしまうので、こうして脱走するしかなかった。

それから家の近くのドカンにいこうかと思ったけど、それはこの間先生とクラスメイトの前で「ドカンに隠れていた」って公表してしまっている。そこにはいけない。だから僕は別の隠れ場所を探して歩き回ったが、今回は水着ではなく、体操着を着ているのでまだマシだった。道行く人も「少しおかしい子」ぐらいにしか見てこない。水着は明らかに変だったからね。

結局、公園にいき時間を潰した。そして3時頃になって家に向かうと、家の表に先生の車が停まっていたので慌てて逃げた。また戸川がやってきた、と思い、逃げた。

どこにいっていいのか分からなかったので、僕は友達のワタの家にいくことにした。クラスメイトの中でもワタとは特別仲が良く、よく遊ぶ友達だった。渡辺を略してワタ。みんなそう呼んでいた。その頃、僕とワタは学区外を2人で探検したりして遊んでいた。

ワタは色黒のハンサムで昔のアイドル太川陽介にそっくりだった。だから女子から結構モテていて、僕はそれが羨ましかった。

ワタの家にいくと、ワタのお母さんは僕が脱走したことなど知らなかったので、すんなり家に上げてくれた。そして僕はワタから学校のことを聞いた。すると先生は、また浜崎は逃げたのか、しょうがねえ子だなあ、とぼやいていたらしい。そしてみんなに、浜崎がいなくなったらすぐに先生に報告するように、と告げたのだそうだ。それによって僕は先生の言いつけをよく守る真面目なクラスメイトも敵に回してしまったことになる。小学校のときは先生は神様みたいな存在だから、先生に言われたことは、はいはいと言って従う子が多いのだ。僕やワタは違ったけど、そういう人がほとんどだったと思う。とにかくプールからの脱走と今回の脱走で、僕は完全に要注意人物になっていた。

本当はワタも、自分の家に僕が遊びにきたことを報告しなければならないらしかったけど、友達ということで内緒にしてくれた。これが友情ってやつかと思い、僕は感動した。それにワタもなかなか学校の規則の中でおとなしくしているようなやつじゃないのだ。

夕方になって、さすがにワタの家から帰らなければならなくなったとき、ワタはこう聞いてきた。

「明日学校休むでしょ？」

僕は答える。

「当然休むよ」

するとワタは、

「俺も休もうかな」

と言った。それを聞いて僕は、なんだか悪事を一緒にやれそうだと楽しくなってきて、

「休もうよ」

と誘った。するとワタは、

「じゃあ休もう」

と言って、僕たちは2人で学校をさぼることになった。そして登校のときに学区外で待ち合わせをする約束をして、僕は自分の家に戻った。

家に入るとすぐに母が出てきて、怒鳴られた。怒られるのは当たり前だと思っていた

ので黙って叱られていた。そして6時頃になって戸川先生がやってきた。僕が学校に置きっぱなしにして脱走したランドセルと教科書を持ってきた。母の前だと先生はいつもの先生じゃなくなる。優しい先生に変わってしまうのだ。それを見て僕はなんかずるいなあと思っていた。

学校だったら、「明日はちゃんと学校にくるんだぞ！」と大きな声で言うのに、母の前だと、「プールもビート板だから、怖くないから」と優しく言う。「学校にくるんだよ」とも言う。

これ以上話をこんがらがせると大変なので僕は、

「明日はいきます。今日はごめんなさい」

と謝る。

だけどそんな気持ちはない。次の日ワタと学校をさぼって遊ぶことを楽しみにしている僕なのだ。

ワタと遊ぶ

翌日は少し早めに家を出る。すると、なんと戸川先生が外で待っていた。何時からいたのか分からなかったけど、相当早くから待っていたのだと思う。表に車を停めてあって、その中に乗っていた。僕はそれを見てすぐに逃げようとしたけど、先生が車から飛び出てきて呆気なくつかまる。そして、

「学校へいくぞ！」

と元気な声で先生は言う。

そのせいでワタとの待ち合わせにいけなくなってしまった。だけどワタは僕が先生につかまっていることなど知らないのだ。きっと今頃ワタは僕を待っているんだろうなあ、と思いながら、車に乗せられて学校に向かう。学校に着いても先生は僕から離れずに教室までマークしてきた。途中で脱走しないようにしているんだろう。

教室に入ったけど、やっぱりワタの姿はない。その時間になっても僕を待っているに

違いなかった。友情を裏切ってしまったんだと思って、僕は落ち込んでいた。ワタが1人で寂しそうに立っている様子が浮かんできて申し訳なかった。

ワタは朝の会の途中にやってきて、先生になにか言い訳をしていた。その理由は聞こえなかったけど、僕と遊ぶ約束をしていたとは言えなかったはずだ。お腹が痛くてとか寝坊してと言ったんだと思う。

それから僕の方を向いて、ワタは、なんでこなかったんだよという顔をした。僕は顔で、ごめんって伝えたけど、その顔を見て余計馬鹿にされたと思ったようだ。僕は真面目に、ごめんって顔をしたのに、普通に見るとそれはただ変な顔だったのかもしれない。すぐに1時間目が始まってしまったので僕はワタのところに謝りにいけなくて、授業の内容が頭に入ってこなかった。どうやって謝ろうかとばかり考えていた。

1時間目が終わり、さっそくワタに理由を話した。

「先生が家の前に車を停めて待っていたんだ」

と正直に説明すると、ワタは、

「そういうことか」

と簡単に納得してくれた。

ワタは待ち合わせの場所に8時過ぎまで待っていてくれたらしい。もう遅刻になると分かっていても、こない僕のことを待っていてくれたのだ。

その日もプールがあって、やっぱりそれはつらかった。先生はあいかわらず、顔を無理に水につけさせようとするし、僕はパニックになった。

僕は下校のときにワタに、

「明日こそ休みたい」

と話していると、ワタは、

「今度こそ俺も休むかな」

と言った。

「明日は待ち合わせの場所にしっかりこいよ」

とも言っていた。

そうやって2人でさぼる約束をして、時間は早めに設定しておいた。その日は7時半頃先生につかまったので、7時に近所の歩道橋のところで待ち合わせることにした。

それは成功だった。次の日は先生につかまることなくワタと落ち合うことができた。2人とも学校をさぼってドキドキしていたけど、なんだか誇らしいような気持ちもあった。他のクラスメイトができないことをやっているんだと思った。だけどワタも戸川先生のことは非常に怖がっていたので、僕たち2人は小学校3年のくせに、できれば学校を辞めたいと本気で話していたのだった。

神社の裏にランドセルを隠して2人で西友デパートにいく。

西友に入るとそんな早い時間に子どもが2人でいることを怪しく思われて、店員にじろじろと見られた。僕とワタはその視線から逃げるようにしていろんな売り場にいった。だけどどこにいってもその視線はついてくるので僕は、子どもって見張られているんだなあって思った。

おもちゃ売り場にいき、おもちゃを見ていると、店員が聞いてきた。

「今日学校は？」

女の店員さんだったけど、目が怖かった。化粧も濃くてなんだか僕たちは食べられてしまいそうだった。

「今日は休み」

と僕たちは答える。すると、

「なに休み？」

と更に聞かれた。さすがにずる休みとは言えないので、

「朝、熱があって休んだ」

と僕たちは言った。

だけど熱があるのにそんな場所にいるのはよく考えるとおかしい。女の店員さんももっとなにか聞きたそうだったので、僕たちは彼女から逃げて屋上に向かった。屋上にはゲームコーナーがある。あそこにいけば大逆転だと思って走って向かう。大人が最後のひと勝負でラスベガスにいくようなものかもしれない。

そんな少年ギャンブラーの僕たちはお金をほとんど持っていなかったので、10円や20円のゲームを少しだけしかできなかった。ワタも同じだ。大逆転もなにもない。

そのうちにお腹が減ってきたのでパンを買って食べる。僕はメロンパンを食べた。い

つも食べているようなものだけど、そうやって学校をさぼって外で食べるパンは特別で、とても美味しく感じた。

それからデパートを出て、僕たちは商店街にいったり、神社で遊んだりして、3時になった。2人とも家に帰ると絶対に怒られるということが分かっていたので、これからどうしようかと相談する。だけどそれ以上いくアテはないし、歩きっぱなしで足が疲れていたので、お互いに怒られることを覚悟して、家に帰ることにする。やっぱりどんな冒険をやったとしても子どもは家に帰るしかないのだ。そのときは早く休みたくてしょうがなかった。

家に帰ると、母が出てきて、

「渡辺君とどこいってたの！」

と聞かれた。

2人でいたことはバレていたのだ。学校から電話があったのだろう。そして母は、

「あんたが渡辺君を誘って学校を休んだのか」

と言った。

本当はワタと一緒に休むことにしたんだけど、それまでの僕の行いからして僕が一方的に悪者にされてしまった。でもそう思われるのも当然だったので、僕はワタのせいにはしなかった。

つかまる!?　また逃げる!?

次の日は用心に用心を重ねて義父が僕を学校まで連れていった。そうすれば逃げることはできない。

学校にいくと、クラスメイトまで昨日僕とワタが学校を一緒にさぼったことを知っていた。

「2人でどこにいたの?」「すごいね、君たち」「なにをしてたの?」

と友達たちは聞いてきたけど、僕はそれに答えるどころじゃなかった。

先生にどんなふうに叱られるのか、どんなことをされるのか、それで頭が一杯で、真っ青になっていた。友達の質問には頷いてばかりでまともに答えられなかった。誰か

がそんな僕を見て言った、

「はまじ、ヘチマみたいだぜ」

という言葉が耳の中で唸《うな》っていた。しばらくしてワタも教室にやってきたので、僕は尋ねる。

「親に怒られた?」

「怒られた」

とワタは答えた。ワタの親もワタが僕と一緒にいたことを知っていた。

「これからどうなるんだろうね?」

と僕はワタに言った。もちろん先生のことだ。

「どうなるんだろうね」

とワタも言った。もう全然会話にならなかった。

そして先生がきた。朝の会が始まってすぐに僕とワタが立たされ、教壇の前に連れていかれる。僕とワタの顔は引きつっていた。

先生が尋ねる。

「昨日2人でいたな？」

僕たちは頷く。

「なんで学校にこなかった？」「プールが嫌なのか？」「どこにいっていた？」

そんな質問が続いた。

だけど西友デパートにいったことは口裏を合わせたわけじゃないのに、僕もワタも言わなかった。

「ランドセルはどうした？」

その質問には僕が答えた。

「神社の裏に置きました」

そのとき先生が僕たちの目の前にやってきてビンタをした。そして僕は泣いた。ワタが泣いていたかどうかは覚えていない。それでひと通り終わったかと思ったら、先生はこう言った。

「2人とも今からプールにこい！」

僕はこれはえらいことになったなと思った。そしてワタと目を合わせた。そのときに

直感があった。ワタがなにを考えているのか分かった。ワタは目で、

「逃げよう」

と言っていた。次の瞬間先生が言った。

「早くいけ！」

当然それはプールにいけってことだったんだけど、僕はそれに反応して教室のうしろに走ってベランダに出て、走って逃げた。

3年4組の教室は建物の一階にあって学校の裏門がすぐ近くにあった。だから僕はベランダから外に飛び出して裏門に向かい、そのまま走って学校を飛び出した。上履きのまま走って逃げて、しばらくいってからうしろを見たけど、ワタはこなかった。ワタはベランダから遠いところにいたし、いくら逃げようという合図をしたとしても、僕がそんなに早く逃げ出すとは思ってもいなかったそうだ。突発的な行動にびっくりしたとあとで言っていた。

そこから僕の脱走劇が始まる。

スーパーの前まできたとき、突然うしろからクラスメイトの1人が追いかけてきた。

僕をつかまえようとしているとすぐに分かった。だから僕も逃げたけど、彼の方が足が速くてすぐに追いつかれてしまった。そして取っ組み合いになり、相手の顔をつねったり、叩き合ったりした。いつもは仲のいい友達なんだけど、そのときだけは悪魔みたいに見えた。それになんで、こいつとこんなふうにして殴り合わなくちゃいけないんだろうと思った。

僕には、「ここで時間をかけると戸川先生がやってきてつかまってしまう」という気持ちがあったので、急いで友達を振り払おうとしたけど、やつもしつこかった。足をつかんでなかなか離さないのだ。そしてそのまま1分ぐらい経って、先生がやってきた。こうなったらもうゲームオーバー。僕は先生に抱えられて、学校に連れていかれる。僕を追いかけてきたクラスメイトは表彰状もので、先生は、よくやったという感じでそいつを見ていた。

学校の正門の近くにお菓子屋があって、僕はその前を先生に抱えられながら通っていく。そのお菓子屋の主人は毎朝子どものために交通整理をボランティアでしてくれていたけど、その服装が警察官の服に似ていた。だから僕はその主人のことを密かに警察官

なのではないかと思っていた。僕はそのことを思い出して、

「おまわりさん！　おまわりさん助けて！」

とお菓子屋に向かって叫んだ。だけどお菓子屋の主人は出てこなかった。そもそも警察官じゃないから当たり前だ。そして僕は絶望的な気持ちのまま正門から学校に入っていった。不安が膨らむ。このままプールに投げ落とされるんじゃないか。そしてまたビンタをされるんじゃないか。

当時、うちの小学校では給食室を新しく建てていた。だから学校の中に土木工事をしているおじさんたちがたくさんいた。そこでも僕は叫んでしまった。

「おじさん、助けて！」

だけどおじさんたちは笑っていた。こんな大惨事なのに、なぜ笑うんだろうと思って、僕は腹が立った。にやにやと笑うおじさんたちを僕は少し睨んでやった。戸川先生は、

「なんでもありませんので」

と言っていた。

そして僕はプールではなく、教室に連れていかれた。その間、ずっと抱えられたまま

だ。黒板の前にきてやっと先生の腕から降ろされて、また尋問が始まった。クラスメイトは冷たい目で僕を見ている。

「なんで逃げた？」「上履きで外に出るやつがいるか」「お前は懲りていないのか？」などと次々に怒鳴られるので僕は悲しくなってきた。そして先生はこうも聞いた。

「なぜ、正門のところで『おまわりさん助けて』って言ったんだ？」

お菓子屋の主人を警官だと思っていたというように説明すると、クラスメイトが笑った。みんな笑った。そんな僕の勘違いが面白かったんだろう。だけど僕は必死だったし、これからなにが起こるか不安だったし、みんなに笑われて悔しかった。

「早く着替えろ」

と先生が言った。

まだ僕をプールに入れる気だと思って気が遠くなった。それに今度は逃げられないようにベランダの鍵を閉めてあった。だけどプールにいくわけにはいかないと思った。逃げるのもおかしいかもしれない。何度も逃げるなんてたしかに先生にもクラスメイトにも親にも迷惑をかけるけど、力づくでプールに入れられたりするのもおかしいと思った。

自分の意思ではなく、とにかくプールに投げ込まれるのだ。それは納得がいかなかった。

だから僕は、

「着替えるには教室のうしろがいいです」

と言った。

先生はそれを許してくれた。油断していたんだと思う。

そして僕は教室のうしろにいって、素早くベランダのドアの鍵を開けて、教室から飛び出した。この日2回目の脱走だ。その僕のうしろから、

「先生、僕、追いかけてきます」

という声が聞こえた。

さっき僕に追いついてきたやつの声だった。それを聞いたときに僕はそいつのことが大嫌いになった。だって先生の子分みたいじゃないか。

だけど、またそいつに追いつかれると自然に先生にもつかまってしまうことになる。

だから僕は今度は、うしろも振り返らないぐらいに本気で走って逃げた。しばらく走って、もうダメだと思ってから、ようやくうしろを見ると誰も追ってきていなかった。

今度は逃げきれたんだ。

そう思って一瞬、ホッとしたけど、すぐに不安になった。僕は一日で二回も脱走をしてしまった。それもプールに入れられるのが嫌で逃げたのだ。僕はこの一日でそんな人間になってしまった。クラスには僕の他にも泳げない人がいるけど、彼らはしっかりとプールの授業を受けている。放課後も嫌々ながら泳いでいる。なのに、僕だけは逃げた。僕は自分のことを負け犬だと思った。臆病だとも思った。そしてワタにも迷惑をかけた。

その日は夜になっても家に帰れなかった。あまりに申し訳ないし、情けないし、怒られるのも怖かった。

だから僕は家の外に停めてある義父の車の陰に隠れていた。そこなら死角になっていて誰からも見えない。夜8時頃だったと思うけど、その頃になって、母と義父が家から出てきた。懐中電灯を持っていたので、ああ、僕を探しているんだなあと思った。僕を心配しているのだ。僕は悪いなあと思ったけど、その2人の前にみすみす出ていくことはできなかった。どうせ、いつかは出ていかなければならないし、叱られることは分かっているんだけど、なるべく先延ばしにしたかったのだ。それは子どもの心理なんだろうか。

親が出ていってから僕は家に滑り込む。弟だけがいたので、僕は尋ねる。

「どうなってる？」

すると弟は、先生が家にやってきたことや、母がとても怒っているということを僕に伝えた。

それを聞いて僕は、もう一度外に出て逃げ回ろうかと思ったけど、それ以上心配をかけたくないし、夜は怖いし、やめておいた。だけどそのまま居間にいたら、帰ってきた親にすぐに見つかってしまう。だから僕はトイレに隠れる。

しばらくして親が帰ってきた。

「どこいったんだろうなあ」

という義父の声が聞こえる。

そして義父はトイレで用を足そうと思ったらしい。トイレの前にきてドアの鍵をがちゃがちゃとし始めた。だけど中には僕が入っているのでドアは開かない。

「憲孝いるのか?」

と義父は言ったけど、僕は声を立てなかった。

でも中にいるのは完全に分かってしまっている。

「出てきなさい」

と言われたけど、それでも黙っていた。すると、

「トイレにもいけやしねえぜ」

とぼやいて義父は帰っていった。

それから母も義父も、何度も説得にきたけど、僕はずっとトイレから出なかった。夜中になるまでその中にいた。汚くて臭かったけど、そこに隠れているしかなかった。そのときの僕の居場所っていうのはそのトイレの中だけだったのだ。

でも、だんだん眠くなってきて、さすがにトイレで寝るわけにはいかない。だから僕は粘れるだけ粘って、夜遅くなってから、トイレから出た。運がいいことにみんな眠っていた。母も義父も僕のところにこなかった。もしかしたら、寝たふりをしていれば出てくるかもしれない、と思ってそうしていたのかもしれない。

そして僕は自分の部屋にいって、布団に倒れ込むようにしてすぐに眠った。

トイレ篭城

「おはようございます」

という声がした。

戸川だ！

僕はその声で目を覚ました。しまった、寝すごした。先生がくる前の朝早くに家から出ようと思っていたのだ。だけどもうそんなことはできない。

母がやってきて僕を起こして、僕は着替えをした。すると先生がその様子を覗き込んで、

「早くしなさい」

と言った。

その顔はいつもの怖い顔じゃなかった。教室では鬼の顔、親の前では仏の顔というこ

とを僕は知っているのだ。今考えればそれも教育方法のひとつかもしれないけど、当時の僕は納得がいかなかった。

僕は着替えながら考えた。

学校にいけばまた昨日のようにクラスメイトの前に立たされて、恥をかかされるに決まっている。それは絶対に嫌だ。なんとか学校にいかないようにできないだろうか。だから僕は、

「トイレにいく」

と母に言って、トイレに入った。初め先生は、

「遅れるぞー」

と呑気に言っていたけど、しばらく僕が出てこないので、これはおかしいと思ったのか、

「なにやってるんだ！」「早くしろ！」

と怒鳴り声に変わっていた。僕はこれで親の前でのメッキがはげたと思ったけど、なぜか母は動揺していなかった。それどころか昨日も僕がトイレに閉じこもったことを話

していた。僕はなにを信じていいのか分からなくなってきた。それから30分ぐらい閉じこもっていたら、

「憲孝、先生は帰ったから出てきなさい」

と母が言った。

僕はその言葉を信用しなかったのでもう30分はトイレに入っていた。そして出てみると、本当に先生はいなかった。それから僕は、妹を身籠《みごも》っていてあまり身動きのとれない母の目を盗んで家から飛び出した。まったくもって逃げてばかりだ。その頃の思い出といったら逃げているぐらいしかない。そしてそういう癖は僕のそれからの人生のいたるところで顔を出すのだ。


どこかに居場所はないかと探した。それまでに使った神社も公園も近所のドカンの中も全部先生と親にバレていたので、新しいところを探さなければならない。家の周囲を歩き回っていたら、いい場所を見つけた。

家から歩いて10分ぐらいの場所に、小さいトラックが停めてある駐車場がある。2、

3台のトラックが停まっていた。一番古そうだったトラックはタイヤもパンクしていて、錆《さび》だらけでもう動きそうになかった。しかも鍵がかかっていなくて、ドアに手をかけてみると簡単に開く。

運転席のドアが開いた瞬間、僕は、ココだと思った。他のトラックの荷台とかに隠れていたら、知らないうちに動き出してどこかに連れていかれてしまうかもしれないけど、この動かないトラックなら安全だ。

僕はトラックの運転席と助手席に寝転がっていた。そうしないと前のガラスから子どもが1人で乗っているのが見えてしまう。人がくるたびに横になって身を隠した。午後は主婦がよく通るので大変だった。ひとつの場所に隠れ続けるのにもそれなりの努力が必要なのだ。

夕方になって家に帰る。母はいなかった。妹の出産が近いためタクシーで病院にいくことがよくあった。その日もそういう理由でいなかったのだと思う。そしてお腹が大きくてあまり自由に動けないから、僕にも手をかけられなかったのだと思う。

弱気な塩ピン

次の朝からは塩ピンが迎えにきた。塩ピンはクラスメイトだったけど、僕の家からも遠いところに住んでいたし、お互いにそれまで遊んだことはなかった。

塩ピンが戸川先生の兵隊であるということはすぐに分かった。遊んだことのない人がわざわざ家まで僕を迎えにくるとは思えない。戸川先生の代わりだと思った。だけどそれが塩ピンだったので僕は安心した。彼は弱気な人だったからだ。普通、他のクラスメイトがきたら親にも急かされて学校にいくことになると思うけど、塩ピンは強引なところがなかった。だから僕はそれをいいことに、ゆっくり仕度をしてなかなか外に出ていかない。すると塩ピンは自分が学校に遅れてしまうから、結局、僕を連れていけずに1人で学校にいくのだった。

塩ピンは毎日やってきた。当時『レインボーマン』という番組が7時20分から放送していた。

「レインボーマンを見てからいこうよ」

と僕は窓から塩ピンに言う。すると塩ピンは、

「なんでだよ～」

と悲しそうな顔になる。

ちなみにレインボーマンを見てからだと7時50分になり遅刻することが決まっている。だから塩ピンはその誘いに乗るわけにはいかないのだ。塩ピンは言った。

「連れてこないと俺が戸川に怒られる」

そう言うにもかかわらず僕が、

「塩ピンも学校を休もう」

と言うと、塩ピンは、

「俺はいく、休めない」

と言って1人で学校にいってしまう。

僕やワタとは違って塩ピンはいたって普通の人なのだ。その真面目な彼を僕のせいで苦しめているのだと気付いて、塩ピンに悪いなあと思うようになった。

塩ピンはそんな僕のところにも毎日やってくる。だから僕は彼に迷惑をかけないように、朝6時頃、家を出ることにした。義父は6時20分に起きるのでその前に家から出ればば義父につかまることもない。それに、そうやって早めに家を出てしまえば、僕を学校に連れてこなくても、それは僕が悪いのであって塩ピンの責任にはならない。だから塩ピンが先生に怒られることもない。

そう思い、僕は毎朝6時に家を出ることにした。そして学校にいかなくなった。

登校拒否

僕が学校にいかなくなって1週間ぐらい経った頃、これはまずいと思ったのか、母が言った。

「市役所にいくからきなさい」

母はたまに僕を騙す。そのときもそう言っておきながら学校に連れていくんじゃないかと思い、

「学校だったら嫌だ」

と僕が言うと、母は、

「学校ではないよ」

と言った。

それが冷静な言葉に聞こえたので僕は母のことを信じておとなしくついていくことにした。

しかし着いたのは市役所ではなく、児童相談所というところだった。たぶん、その相談所から家に電話があり、僕を連れてきてほしいと要請を受けたのだと思う。

そこでは白髪混じりの50歳ぐらいの優しそうなおじさんが出てきて、

「ボーリングゲームをしましょう」

と言った。それに僕は驚いた。「なんで学校にいかないのかな?」とか「学校で嫌なことがあったのかな?」と聞いてくるかと思ったからだ。

ゲームをするというので僕も少し安心して、一緒にゲームをした。勝ったり負けたりしているうちに楽しくなってきて、僕は、このおじさんは悪い人じゃなさそうだと思うようになった。その間、母は違う部屋で他の相談員の人と話していたんじゃないだろうか。

次の日も相談所にいくことになっていたが、朝早く戸川先生がきてつかまった。もう先生は家にまでこないだろうと油断していたので、つかまってしまった。そして学校に連れていかれた。それほど怒られることはなかったが、先生は、

「児童相談所にはいくな」

と言っていた。

きっとそういうところに自分のクラスの生徒が通うのは学校の中で都合が悪いんだろうと思った。

「でも、いくなと言われても母に連れていかれたんです」

と僕が言うと、

「それでもいくな」

と先生は言い、

「プールには入らなくていいから学校にはきなさい」

とも言った。

学校から帰ると、児童相談所から電話があったらしく、

「なぜ、こなかったんです？」

と昨日の優しそうなおじさんが感情的に言っていたようだ。

相談所にいかなければ相談所のおじさんがそういう態度になるし、学校にいかなければ先生に小言を言われるし、どうすればいいのだろうか。僕にも母にも分からなかった。

次の日塩ピンがやってきて、家の外から、

「浜崎君」

と僕を呼んだ。

プールに入らなくてもいいと先生は言ったし、僕は学校にいこうとしたが、母としては児童相談所に連れていきたかったらしい。なので、母は塩ピンに、

「憲孝は今日休みよ」

と言っていた。

それまでしばらくこなかった塩ピンがその日になってきたのは、戸川先生に、僕を連れてこいと言われていたからだろう。そして塩ピンは渋々やってきたわけだ。それなのに母は僕が休むという。塩ピンは困っている様子だった。だって、連れてこいと先生に言われていて、そしてきたくもないのに僕の家にきて、今までは僕を学校にいかせようとする仲間だった僕の母に、憲孝は休みよなんて言われてしまったのだ。塩ピンは、どうしたらいいんだというような情けない顔をして、よろよろとした足取りで1人で学校に向かっていった。かわいそうな後姿だった。

それから僕は母とともに相談所にいき、僕はまたゲームをして遊んだ。登校拒否となんの関係があるのか分からなかったけど、楽しかったのでそれはそれでよかった。母は違う部屋でその間、他の人と話していた。帰り際に相談所から、

「明日もきてください」

と言われた。

そして僕は毎日のように相談所に通うようになった。なぜ、学校にいかなくていいのか分からなかった。相談所にだけ通っていればいいのだろうか？　僕としてはプールに

入らなくていいなら学校にいっても構わないのだ。先生にも悪いし、塩ピンもかわいそうじゃないか。でも相談所の人は、「学校にいけ」とは言わずに、「相談所にこい」と言う。そもそも相談所っていうのは学校にいかない生徒を学校にいかせるためにあるものなんじゃないだろうか。

一学期の終わりになり、戸川先生が家にやってきて母と話していた。相談所にはいかせないでほしいというようなことを言っていた。先生にとって僕が相談所にいくということはやっぱりマイナスなようだった。

そして僕は夏休み前の終業式に学校にいった。1カ月ぶりぐらいに登校した僕をみんなが興味深そうな目で見ていた。なんだか知らないクラスにきてしまった感覚だった。それでも先生は僕が学校にきたことを喜んでいた。そして翌日から学校は夏休みに入る。それまでずっと休んでいたので、他のクラスメイトのように夏休みをあまり嬉しいと思うことはなかった。だけど夏休みは公認の休みなので、これで後ろめたいことはしなくてすむと気が楽になった。

それから少し経ってから母は妹を産んだ。真夏の出産なので暑さに負けない強い妹だ。脱走したり学校にいかなくなったりで大変だったのに、母は無事に妹を産んでくれた。本当によかった。

おばさんの部屋

9月になり二学期が始まっても僕は学校にいかなかった。特に理由があったわけじゃないけど、夏休みを入れて2カ月以上も学校にいっていなかったので、いつの間にかそれが普通になっていた。

9月中旬の日曜、夕食を家族で食べにいこうと義父に言われ、子ども用のスーツみたいなものに着替えさせられた。そして家族で車に乗って静岡の方に向かう。どこにいくんだろうと思っていたら、一軒の家に着く。嫌な予感がして表札を見ると、「戸川」の文字。先生の家だ。

そこまできて1人で帰るわけにはいかなかったので、僕は嫌々ながら家に入った。す

ると先生の奥さんが料理を用意してくれていて、たしかに夕食を食べにいこうという言葉自体は嘘じゃなかった。先生は僕に、

「シチュウを食べな」

と言ってくれたけど、僕は食欲がなかった。気が重くてなにかを口に入れたい雰囲気じゃなかった。先生は例のごとく母の前や自分の奥さんの前で優しく振舞っていた。そして、

「みんな浜崎のこと待ってるぞ」

と言ったけど、僕は信じられなかった。終業式のときに久しぶりにいった学校でよそよそしくなっていたみんなが急に僕を待っているはずがない。

次の日、学校にいくふりをして家を出て、一学期のときに隠れ場所として使っていた動かないトラックの中に隠れる。だけどトラックの中に何時間いてもすることがなくて飽きてくる。

だから僕はトラックを抜け出して近くの団地にあった小さな公園にいく。まだお昼前

だったと思う。そこでブランコに乗っていると、買物帰りといった感じのおばさんが寄ってきた。おばさんといってもその当時の僕から見てだから、今考えると20代後半から30代前半だったんじゃないだろうか。髪が長くて綺麗な人だった。

「僕、ご飯食べていかない？」

とおばさんは言ってきた。

僕は最初、補導されるのかもしれないと思って警戒していて、なにも喋らなかった。だけどおばさんは優しい口調で、

「ジュースもあるから、ご飯食べていきな」

と言ってきたので、変だなあとは思いつつも、おばさんについていくことにした。かなりお腹が減っていたし、喉も渇いていたのだ。

おばさんは団地の4階に住んでいた。団地に入り、家に向かう。知らない人についていってはいけないとか、誘拐されたらどうしようかと思ったけど、おばさんにはそういう疑いを晴らさせるような雰囲気があった。悪いことをするようには見えなかった。

おばさんの家に入る。間取りは2ＤＫだった。なぜか、よく覚えている。お昼だった

から旦那さんも誰もいなかったけど、結婚している人だと思った。

おばさんはすぐにジュースを出してくれて、とても暑い日だったので、僕は嬉しかった。すぐにそれを飲み干す。するとおばさんは卵焼きを作ったり魚を焼いて、僕に出してくれた。空腹の僕はなんの疑いも持たずにそれを食べて、食べ終えた頃にはおばさんに対しての警戒心も薄れていた。

おばさんは僕に名前しか聞かなかった。

「憲孝君ね」

と言っただけだった。

「学校どうしたの？」

などとも聞かないので僕は安心した。

そういうことを聞かれて正直に答えると、大人は嫌な顔をするか怒るに決まっているからだ。あとは相談所の人のように、わけも分からず、遊ぼうよと言ったりもする。

「私には子どもがいないのよ」

そうおばさんは寂しそうに言っていた。たしかに部屋にはおもちゃがひとつもなかった。

それから僕はおばさんとテレビを見てすごした。するとベランダの方でなにか鳴き声がしている。見てみると、ベランダに米粒の入った茶碗が置いてあって、そこに雀がやってきて米を食べているのだった。

「近くに寄ると雀が飛んでいくから、部屋の中から見ている方がいいよ」

とおばさんは言った。

僕とおばさんは2人で雀が米を食べている光景を静かに見ていた。その間、おばさんは寂しそうな顔をしていて、僕は雀よりもその方が気になっていた。

3時になって、僕はおばさんに、

「そろそろ帰る」

と言った。おばさんは、

「まだいてもいいのよ」

と言ってくれたけど、あまりにも優しすぎるのでなにかあるのかなと不安になって僕は帰ることにした。

帰りがけにおばさんは、

「またきてね」

と言っていた。

笑っているけどやっぱりまだ寂しそうだった。

それから僕はトラックにランドセルを取りにいき、少し時間を潰してから家に帰った。

家に帰っても母はなにも言わなかった。僕のことを諦めていたのかもしれない。


次の日も午前中はトラックの中ですごし、午後になるとおばさんのところにいった。おばさんはいつも、よくきたねと歓迎してくれた。そしてご飯をいただいた。雀を見たり、テレビを見たりしてすごして、３時半になると僕は自分の家に帰った。そんな生活が1週間ぐらい続いた。

その頃になって、ようやく、

「あんた昼間どこにいるんだね？」

と母と義父が聞いてきた。

だけど僕は黙っていた。おばさんのことを言ったらおばさんに迷惑がかかるんじゃな

いかと思ったのだ。だけど2人は、

「人の家にいるんじゃないのかね。人の家に迷惑をかけているんじゃないでしょうね」

と言っていて、僕はバレたんじゃないかと思ってヒヤヒヤした。


ある日、おばさんのところにいったら、おばさんから質問があった。それまでなにかを聞かれることが少なかったので、僕は驚いた。

「憲孝君は学校がなんで嫌いなのかな?」

ちょっとショックだったけど、おばさんのことは信用できると思っていたので、胸のうちを話すことができた。プールからの脱走のことや戸川先生のことを話した。

そしたらおばさんは、

「そんな先生がいるんだったら、いかない方がいい」

と言っていた。だけどすぐに、

「3年生という段階を終えないと4年生になれないから、プールが終わったら先生が嫌いでも学校にいった方が憲孝君のためだよ」

と訂正していた。そして、

「憲孝君のクラスの子も戸川先生を好んでいないのでしょう。だけどクラスの子たちは憲孝君のように学校を休んでいないのよ。先生のことが嫌いでも学校にいっている子もいるのよ。だから憲孝君も頑張って学校にいった方がいい。そうしたら友達も応援してくれるんじゃないかな」

と言ってくれた。

「友達がいないというのはとても寂しいことだよ」

とも言った。

僕もその通りだと思った。そしてなぜかそれを最後におばさんのところにはいかなくなってしまった。今思えば、もう少しいろんな話を聞きたかった。

学校に戻る

9月の終わり頃、母と義父が僕を戸川先生の家に連れていった。二度目の訪問だ。だけど先生にそのことは伝えていなかったみたいで、突然の訪問に先生の方もびっくりしていた。親は僕にどうにか学校にいってもらいたいと思っていたんだろう。

そのとき先生は酒を飲んでいて、そのせいもあるのか、陽気な感じで話してくれた。

「浜崎はプールが嫌いで、俺のことも嫌いだということは分かっている。だが、将来水泳もできない男だと海にもプールにも遊びにいけず楽しみが半減するのだぞ」

たしかにそうだ。成人してから僕はサーフィンをするようになったけど、そのときに、先生の言う通りに泳げるようになっておいてよかったと思った。だけどその当時、小学校3年のときは、「プール＝戸川先生」になっていたのだ。つまり「プール＝嫌い」だから「嫌い＝戸川先生」ってことになる。

そして僕は翌日から学校にいくことを先生に約束して、家に帰った。

その約束を守り、翌日は学校にいく。長い夏休みだった。6月の中頃からあまり学校にいかなくなっていたので、実に3カ月以上の休みだったということになる。とんでもないことだ。

クラスメイトはみんな、

「きた」

と言っていた。

「きた、きた」

っていう声が蝉の鳴き声みたいに聞こえてきた。なんかそれは囃《はや》し立てられているみたいで僕は違和感を覚えた。だけど友達のワタは、

「やっときたじゃん」

と言って喜んでくれた。

その言葉は僕も素直に嬉しくて、やっぱり友達は大切だと思った。そして僕は、何度も遊びにいってご飯を食べさせてもらったおばさんのことを思い出して感謝した。

それにラッキーなこともある。僕が登校した週で水泳も終わりということになったのだ。その上、残っているわずかな水泳の時間も見学をしてもいいということになった。先生としてはせっかく学校にやってきたのに、プールのせいでまた脱走されたらたまらないと思ったのだろう。

そんな僕は泳げない仲間や、そんなにプールが好きじゃないクラスメイトに、

「ずるいよ」

と言われた。

それはちょっとつらかったけど、そんなふうにして、ようやく僕のまともな3年生の生活が再開されたのだ。

おしゃこん

3年のときはクラスが違ったけど、カニエイという友達がいた。彼とはいまだに付き合いが続いていて、親友といってもいい関係だと思う。学校が終わるとよく一緒に帰っていた。そしてどちらかの家にいったり、公園で夕方まで遊んだりする。かくれんぼやメンコをやるんだけど、その頃はそれが面白くてしょうがなかった。再び学校にいくようになって、そんな穏やかで楽しい生活が戻ってきた。

その日も学校から2人で帰っていると、歩道橋の階段の下に人が寝ていた。雨が当たらない場所に汚いマットのようなものを敷いている。いわゆるホームレスだった。それも男の人なのになぜか化粧をしていた。化粧といっても変なもので、ほっぺを赤く塗って、口紅をしていた。

僕とカニエイは彼のことを「おしゃれこんじき」、略して「おしゃこん」と呼んでいた。子どもっていうのはひどいもので、そんなあだ名をつけてしまう。

そして更にひどいことに、僕とカニエイはそれから毎日のようにおしゃこんのところに通うようになるのだ。なにか興味があった。怖いもの見たさというのだろうか。それをそのまま行動に出してしまうのが子どもの未熟さなんだと思う。2人で遠くから隠れておしゃこんのことを観察していて、彼が僕たちに気付くと慌てて逃げるということをやっていた。

見るたびに疑問が湧いた。

なんでこんなところに暮しているんだろう？　テレビもないのに夜はなにをしているんだろう？　みんなに見られて恥ずかしくないのかな？

ある日、おしゃこんはいなくなっていた。だけど歩道橋の下にはバッグが置きっぱなしになっていたので、すかさずそれを見てみると、なんと、ベッタリとハチミツが入っていた。瓶から漏れ出しているわけでもなく、ハチミツがそのままバッグの中に塗りたくってあるのだ。

「なんだコレ！　なんだ！」

と僕が言い、カニエイは、

「ハチミツじゃねえか？　汚ねえなあ！」

とバッグを置いて逃げた。僕も逃げた。そんなことをしているうちに、おしゃこんが帰ってくるととんでもないことになりそうなので慌てて逃げた。

次の日も歩道橋のところにいってみたけど、やっぱりおしゃこんはいなかった。僕はどこかにいってしまったんじゃないかと思った。おしゃこんはたぶん、毎日僕とカニエイがひやかしにくるので、それが嫌でどこかにいってしまったんじゃないだろうか。

おしゃこんはその場所にずっと帰ってこなかった。ハチミツが入ったままのバッグもそのまま置き去りにされて、雨が降って、風が吹いて、時間が経って、いつの間にかなくなっていた。

おしゃこんにとって歩道橋の下が一番住みやすい場所だったのかもしれない。それを僕とカニエイが追い出してしまったのだ。おしゃこんはきっとそこに住むのを諦めてどこか別のところにいってしまったんだろう。今から考えると悪いなあと思う。

悪事の懺悔

そんなふうに慌ただしい3年生だったけど、結構僕は悪いこともした。それらのことをまだ謝っていないのでここで謝っておきたいと思う。

まず泥棒をしてしまった。

その頃僕はフィンガー5のアキラのファンだったので、アキラがかけているようなサングラスがほしくてしょうがなかった。だけど自分にそんなお金もないし、母にねだっても買ってもらえない。そんなときだった。

ある日、道を歩いていると車のダッシュボードのところにアキラのものにそっくりなサングラスが置いてあった。何気なく、ドアに触ってみると、ロックがかかっていなくて、ドアが開いたままだった。そして僕はサングラスを盗んでしまった。あのときの車の人ごめんなさい。

夏休みには義父から煙草を3本盗んで近所の遊び友達と吸った。肺に入れる勇気はなかったけど、1人の友達は肺に入れていたのでびっくりした。彼はものすごい顔でむせていて、鼻と口から同時に煙が吐き出された。真っ青な顔をしていたので、やっぱり小学校3年で煙草は無理だなあと思った。そのとき苦しんだ友達とお義父さん、すいませんでした。

あと、もっと小さいときのことだけど、僕は幼稚園の頃、子犬をさらったことがある。僕は犬が好きで、犬を飼っている家に寄るために学校に回り道をして通っているような子どもだった。犬がほしいと親にいったけど、「あんたに飼えるはずがない」と言われダメだった。だから僕は近所の犬とよくじゃれていた。

その犬が子犬を4、5匹産んだ。子犬はとても可愛い。毎日のように見にいった。するとそのうちに親犬は僕のことを警戒し始める。僕の方は僕の方で、子犬をさらいたくなってきた。

そして、親犬から子犬が離れた隙に1匹さらう。

家まで走って自分の部屋に持ってきて、思いっきり遊ぶ。だけどさらったとき親犬は気が狂ったように吠えていたので、これは悪いことをしたと思い、1、2時間したら返した。返すときも恐ろしい顔で吠えていた。親犬とその犬を飼っていた人たち、ごめんなさい。

それに戸川先生と親にもとても迷惑をかけた。今から考えると先生は熱心すぎるだけだったのかもしれない。1人1人の生徒のことを気にかけてくれるいい先生だったのかもしれない。だけどちょっとやり方が派手すぎたんだと思う。その当時は僕にとって本当に恐怖の対象だったのだ。だから僕もあんなに逃げ回ったりしていた。

そして僕のせいなのか分からないけど、先生はその1年間しかうちの小学校にいなかった。次の年は他の学校に移っていった。親からクレームがきたり僕が登校拒否をしたりで先生にとっても大変な1年だったと思う。

先生、お元気ですか？

あのときはお世話になりました。そして迷惑をかけっぱなしですいませんでした。

ほのぼの高学年

４年生のときの大石先生

３年生と４年生ではクラスメイトは変わらずに、先生が代わるだけだった。僕はまた戸川先生のように怖い先生だったら嫌だなと思っていたが、担任になったのは大石という女の先生だった。

『ちびまる子ちゃん』にも出てくる眼鏡をかけた優しい音楽の先生だった。大石先生は内申書で僕が泳げないということを知っていて、プールの授業のときは僕につきっきりで指導をしてくれた。それも丁寧に教えてくれるので安心して練習することができた。そのおかげでビート板を使って25メートル泳げるようになり、先生はとても喜んでくれた。スピードは遅かったけど僕も嬉しかった。そしてプールの授業がだんだん苦痛ではなくなり、泳ぎも上達していった。

４年生が終わるときにはクロールもできるようになっていて、見違えるような進歩だった。去年の僕の様子を知っているクラスメイトも僕も先生も驚いていた。やっぱりそれは大石先生の優しい教え方がよかったのだと思う。戸川先生のようなやり方が向いている人もいるだろうけど、僕はそうじゃなかった。そして水泳自体を嫌いになってしまった。それと違って大石先生の教え方は水泳の楽しさを教えてくれるものだった。まず、それ自体が楽しくて好きになっていけば、自然に上達していくというわけだ。

大石先生との他の思い出は漫画にも出てくる「お別れ会」がある。原因は忘れてしまったけど、大石先生もうちの学校に1年しかいなくて、すぐに他の学校に移っていってしまった。来年も再来年もいてくれると思っていたので、そのことを知らされたときはショックだった。

そしてお別れ会のときになって、僕は悲しくて、なんだかそれをごまかすためにふざけたような発表をした。いつもふざけているような僕だけど、あのときは少し違っていた。そうしていないと涙が出てしまいそうだった。

いよいよ先生がお別れの言葉を言うときになって、それを聞きながら僕は先生に教わったいろいろなことや、プールで僕が泳げたときに2人で喜んだことなどを思い出して、最後には泣いてしまった。

大石先生は眼鏡をかけていて、お別れ会のときまで一度もそれを取ったことがなかった。それまではみんなからどれだけ、「素顔を見せて」と言われても笑っているだけで取ってはくれなかった。だけどお別れ会のときに、クラスメイトの1人が、

「先生、最後に素顔を見せてください」

と言った。

すると先生は、

「少しだけですよ」

と言って、初めて眼鏡を取ってくれた。

先生は泣きそうな顔で照れていたけど、僕たちクラスメイトは初めて見る先生の素顔にワーという歓声を上げた。

小学生の恋

小学校4年のとき、突然、僕の家にイッちゃんと福ちゃんというクラスメイトの女子

が遊びにきた。今までそんなことは一度もなかったので驚いたけど、僕は嬉しかった。イッちゃんは勉強こそ苦手だったけど、運動神経が抜群で体育で活躍するような活発な人だった。特に足が速かった。

家にきたことをきっかけにして、それから僕はイッちゃんとよく遊ぶようになり、そのうちに彼女は僕のことを好きなんじゃないかと思うようになる。そして僕もイッちゃんのことが好きになってしまった。僕はお互いの気持ちを確かめもしないで、両想いだと想って1人ではしゃいでいた。

「はまじの好きな人を教えてよ」

僕は、きた！　と思った。これは遠回しに僕の気持ちを確かめようと思っているのだ。だけど僕は恥ずかしかったので、イッちゃんのことを好きだということが言えずに、一緒に家に遊びにきた福ちゃんの名前を思わず言ってしまった。

するとイッちゃんは、

「福ちゃんが好きなの！」

とびっくりしていた。

僕は、俺は本当はお前が好きなのにとダンディーに思っていた。だけどいつかはお互いの気持ちが分かって本当の両想いになれると信じていた。そして僕もイッちゃんに聞いてみた。

「イッちゃんの好きな人を教えてよ」

僕は期待していた。実は私はあなたのことが好きなの。そんな言葉を言ってくれるんじゃないかと思っていた。そうすれば僕も即座に、俺も好きだぜと言うつもりだった。

しかしイッちゃんが答えたのは、

「私はウエチンが好きなの」

という衝撃の言葉だった。

ウエチンは勉強もでき、話も面白く、背も高く、スポーツもでき、学級委員もやっている、僕とは正反対の人間だった。僕は愕然とした。そして、これは無理だと悟った。

そして僕は小声で、

「そうなんだ」

と呟いた。

そのあとイッちゃんはウエチンに告白をした。しかし振られてしまった。ウェチンは女子の中でものすごく人気があったのだ。

明るい性格のイッちゃんは元気そうな顔をしていたけど、内心はショックだったと思う。それからは僕がイッちゃんを誘って遊んだりしたけど、つまらなそうだったり、断られることもあった。そしてそのうちに僕の方から誘うのをやめた。イッちゃんは4年生のときしか学校にいなくて、すぐに転校していった。最後に僕は、イッちゃんのことが好きだったという手紙を渡したけど、返事はこなかった。1年間の恋だった。

二度目の恋は5年生のときだ。5年生のときにはクラス替えが行われるので今まであまり知らなかった隣のクラスの人などと一緒になったりする。

友達のワタとは1年から6年まで同じクラスだったので気心の知れた友人だった。しかも3年のときはともに学校をさぼった仲でもある。

クラス替えによって初めて同じクラスになった女子に気になる人がいた。杉ちゃんだ。彼女は性格も明るく、勉強もでき、友達も多いので、他の男子にも人気があった。人気があるといっても、その頃は、「好きだ」なんて面と向かって言える男子がいるはずもなく、いじわるをしたり、ちょっかいを出したりしていた。僕も背中を軽く叩いたり、からかうようなことを言ったりした。学年の最初の頃はあまり気にならなかったけど、毎日ともに生活をしていると性格が分かってきたりして、だんだん相手のことが好きになっていく。気がつくといつの間にか僕は杉ちゃんのことが好きになっていた。

しかし、僕の恋はまたしても悲しい道を突き進む。

なんと、杉ちゃんは僕の親友、ワタのことが好きらしいのだ。たしかにワタは色男で女子からもモテていた。杉ちゃんの友達の女子がそのことをわざわざワタに報告したらしい。僕はまた愕然とすることになった。

まさか、あのワタが……。僕の親友のあのワタが……。

僕はワタのことがとても羨ましかった。

6年生のときのバレンタインデーにワタが杉ちゃんから大きなチョコレートをもらっている現場を僕は目撃してしまった。そして、ちくしょうと思った。ワタの鞄はその大きなチョコレートで横に大きく膨らんでいた。あのチョコレートを今晩食べるんだなあと僕は思い、1人でコーラをがぶ飲みした。結局、僕は杉ちゃんになんの告白もすることはできず、これで小学校の恋は終わった。

駄菓子屋「おきん」と、その頃のおもちゃ

僕の家の近所にある駄菓子屋が「おきん」だった。さくらは「みつや」をよく使っていたけど、僕は「おきん」派だった。その頃の小遣いは一日50円とかいう単位だったので、5円のお菓子が置いてあるおきんは重宝した。

おきんは駄菓子屋といっても、普通の家の玄関先で営業しているような造りだった。扉も家の扉のような木の引き戸で、それをガラガラガラという音を立てて開けると、2畳ぐらいのスペースにお菓子とおもちゃの世界が広がっていて、その中におばあちゃんが1人で座っている。そしてお菓子だけではなく天井からはブーメランやお面や手錠などがぶら下がっていて、僕はそこによく買いにいっていた。

おきんは人気があって、学校帰りに寄ると超満員だった。狭い店内に子どもがすし詰

め状態になっていた。そしてクジをやったり、おもちゃを眺めたりした。

その頃流行ったおもちゃについて紹介しておきたい。

アメリカンヨーヨー

4年生のときアメリカンヨーヨーが大ブームになった。価格は250円から400円ぐらいだった。ほとんどの男子は持っていたと思う。そして休み時間になるとヨーヨーをやるのだけど、先生に見つかると、取り上げられるので大っぴらにはできなかった。

ヨーヨーといっても、いろんな技がある。犬の散歩やブランコ、輪投げ、あや取り、三つ葉のクローバー、東京タワーなどだ。

練習すれば誰でも5種類ぐらいはできるようになるのだけど、三つ葉のクローバーや東京タワーは難しかった。そんな難しい技ができる英雄になると、調子に乗ってどんどん技をやってしまう。そのため先生に見つかる危険性も高くなり、逆にそういう人がヨーヨーを没収されてしまうのだ。ヨーヨーをなくした英雄はもはや英雄とはいえない。

そしてその頃、アメリカンヨーヨーの大会が「そこらへんの公園」で行われていた。近所の大会ではそれほどうまい人がいなくて、僕もいいところまではいくのだけど、デパートなどの大舞台になると、急に参加者、観客が増え、レベルが上がる。それに中学生などもいるので僕は歯が立たなかった。

そして赤いジャケットを着た中国人風の女性やアメリカ人がカタコトの日本語を話し、模範演技を見せるのだった。あの中国人風の人たちは本当は日本人だったんじゃないだろうか。そしてアメリカ人はみんな「チャンピオン」と名乗っていたけど、彼らはあれで生活をしていたんだろうか。謎だらけである。

スーパーカー消しゴム

4年生の終わり頃、スーパーカーブームが起こった。スーパーカーといえばなんでも人気のあった頃だ。車の雑誌を持ってきてスーパーカーに見とれているクラスメイトもいたし、スーパーカーのプラモデルも流行ったりした。そしてお手ごろなスーパーカー消しゴムもみんな持っていた。

スーパーカー消しゴムといえば、決闘である。そもそも消しゴムというのは嘘で、あんなものでこすったら字が黒くなってしまうだけなので、決闘するしか楽しみはない。ノック式の「ＢＯＸＹ」のボールペンの尻でスーパーカー消しゴムを飛ばして、レース形式で優劣を競う。そして買ったやつが負けたやつの消しゴムを奪うことができた。だけど一個が10円ではなく、たしか30円か50円と案外高かったので、僕たちにはギリギリのレースだった。

ブーブークッション

膨らませて座布団の下に隠しておくと、そこに座ったときにおならのような音が出る。

まず僕はマッコウという友人が家に遊びにきたときに試してみた。座布団の下にブーブークッションを隠し、マッコウに、

「まあ、座りなよ」

と言った。

するとマッコウは勢いよく座った。するとブーブークッションははぜてしまった。

「ブーブー」と鳴るんじゃなく、「パーン」という音を立てて破けてしまった。その音に驚いて2人で飛び上がった。正しいブーブークッションの遊び方じゃなかった。

しかしこれは遊べると思い、第2号を数日後に買う。

僕は早起きが日課のようになっていたので学校に着くのは一番か二番だった。そして僕のプロジェクトXが始まる。次にくるクラスメイトが誰かというのは薄々分かっているので、そのクラスメイトの防災頭巾の下に仕掛けた。そして僕の読みは当たり、順番通りにクラスメイトがやってきて、そのほとんどがブーブークッションの餌食になった。

もちろん女子にも仕掛ける。女子の方が派手なリアクションをするので面白かったのだ。

「○○ちゃん、おならしたー」

と男子たちはからかう。しかし女子は連合になって、

「座ったらダメ」「防災頭巾の下に仕掛けてあるわよ」

とターゲットの女子に教えてしまうのだ。男子はちょっと白ける。

そして僕は最後の獲物として5、6年生のときの担任の浜田先生を選んだ。

先生は見事に引っかかった。

「ブブブブブー」

という大きな音がしてクラス中が大ウケだった。先生は、

「誰だ。これを置いたヤツは?」

と呆れたような顔で言う。

そのまま名乗りでないと教室の空気が悪くなるし、取り上げられる覚悟でやったことなので、僕はすぐに手を上げた。

「僕です」

クッションは先生に取り上げられた。しかしほとんどのクラスメイトに仕掛けたし、最後は先生にまでやって笑いも取れたので僕は満足だった。

モーラー

モーラーはだいだい色の毛虫みたいなものだ。テレビでCMをやっていて、それを見て僕は、すごいと思った。指の間を動き回ったり、コップから這い出してきている。これはすごい生き物だなあと思った。

次の週になってすぐにおもちゃ屋に買いにいった。480円ぐらいしたので当時の僕にとってかなり痛い出費だった。だけどあんなに不思議な生き物が手に入るならそれぐらいどうってことないと思って買った。

ドキドキしながら透明なモーラーの箱を開けてみる。どんな動きをして出てくるんだと思う。手が震える。ジグザグの動きをして出てくるんだろうか？　それとも体に登ってくるんだろうか？

しかしモーラーは動かなかった。僕は寝ているのかなと思ってしばらく待ってみたけど、モーラーはいつまでも動かなかった。揺すったり、声をかけてみたりしたけど、それでも動かなかった。僕はどうしたんだろう、死んでしまったのかなと思った。

そしてCMでやっているようにコップの中に入れれば生き返るんじゃないかって思って、コップの中に入れた。箱を引っ繰り返すと、モーラーの他に糸と説明書が落ちてきた。糸は透明な細い糸だった。僕はがっかりした。それを自分のボタンにつけたりして、モーラーを操るという仕掛けだった。

ミーバー

粘土のような白い物体だ。380円だったと思う。伸びるし、弾むし、絵や文字が映るというとんでもない代物だった。これもCMで見て、僕はまた、すごいなあと思った。だけどモーラーの失意の真っ只中で、更にお金もなかったので、すぐにはミーバーを買えなかった。

そしてそういうときに、

「おきんでミーバーが売っている」

という情報が入った。

それもなんと50円だという。僕はものすごく驚いた。吉野家の牛丼の並盛りが280円になったのも驚いたけど、ミーバーが50円で売っているという情報はそれ以上の驚きだった。価格破壊だ！

すぐに友達と一緒に「おきん」に向かう。

すると売っていたのはたしかにミーバーのようだったけど、どこかが違う。まず名前が「ゴム粘土」だった。それに大きさにしても、伸びるにしても、弾むにしても、スケールが小さかった。しかし安いのでミーバーの代わりとしてうちの学校では偽ミーバーの方が流行る。

それを女子にくっつけて遊んでいたりしたので、ミーバーは取り上げの対象になった。だけどみんな懲りずにやるので最後にはミーバー禁止令が出された。しかし新たなるグッズが次から次に出てくるのだった。

金管バンドに興味あり

5、6年生のときの担任の浜田先生は音楽が好きな人だった。そして金管バンドの顧問でもある。その影響を受けて数名のクラスメイトが金管バンドに入っていた。僕の親友のワタも、ブーブークッションを破裂させたマッコウも金管バンドに入ってしまって、そのせいで、練習のある放課後は僕と遊べなくなってしまった。僕は音楽の魅力が分からなかったので、そんなものよくやるなあと思っていた。

全校集会のときに金管バンドが演奏することがあった。そのメンバーの中には当然、ワタやマッコウもいた。マッコウは長い楽器を演奏していて、僕はそれをカッコいいと思った。それでマッコウに尋ねた。

「なんの楽器を吹いてるの?」

するとマッコウは答える。

「トロンボーンさ」

ちなみにマッコウは色黒で「海の男」という感じだ。それも坊主に近い短髪で、そんなマッコウがトロンボーンを吹いているのは不思議な光景だった。僕はそのマッコウが練習しているところや実際に演奏しているところを見ているうちにトロンボーンに興味が湧いてきた。長いスライドを操って音階を吹くのがカッコいいと思った。

だから僕はマッコウにいろいろなことを尋ねる。

「トロンボーンのパートは何人必要なの?」「トロンボーンは今空いているの?」

　トロンボーンが人手不足だったら僕も密かに金管バンドに入ろうと思ったのだ。しかしトロンボーンのパートは一杯ということだった。僕は他の金管楽器や太鼓には興味をひかれなかったので、ちょっとがっかりした。それでもトロンボーンだけはやりたかったので、マッコウに音階のスライドを教えてもらう。しかしマッコウは、

「はまじはなんでそんなこと知りたいの?」

と怪しんでいた。僕は楽譜も読めないし、音楽をやるような顔じゃないし、いきなりトロンボーンをやりたいんだというのは恥ずかしかったので、

「なんとなく」

と答えてごまかしていた。

　そのうちにマッコウに白々しいことを言ってトロンボーンを貸してもらうのがじれったくなってきて、自分で楽器屋にいき、ヤマハのトロンボーンのカタログをもらってきたり、店先でトロンボーンを眺めていたりした。清水の商店街の楽器屋に中古のトロンボーンが2万円で売っていた。おっ、安いなー、いつかほしいなと思って、商店街にい

くたびにそれを見ていた。他の人に買われないように念じていた。

そして僕は毎月のお小遣いと正月のときのお年玉を溜めて、6年生の三学期になってとうとう中古のトロンボーンを買った。そのときは嬉しくて走って家に帰り、すぐに吹いた。

「やったー、トロンボーンだ！」

僕はドレミファソラシドを何回もやった。何回もやった。何回もやっているうちにドレミファソラシドしかできないことに気付いた。でもそれだけをやっているだけでも楽しかった。曲はなにひとつ吹けないので、ドレミファソラシドを吹きながら楽隊のマーチの真似をして家の中で歩くのだ。僕は1人の金管バンドだった。

1978年3月31日　清水市立入江小学校卒業

いろいろな目覚め　中学時代

中学入学

その頃の中学生はみんな坊主にしなければならなかった。

小学校のときの僕はスポーツ刈りで坊主にしたことはなかった。カッコが悪いのであまりしたくはなかったけど、規則なので仕方がない。坊主になると涼しくて、それに僕はキュウリみたいな顔をしていたので今度は頭が丸くなって長瓜みたいになってしまった。

母と入学式にいくと、小学校のときの友人が揃っていて、みんな学生服やセーラー服を着ている。ちょっと大人になったように見えた。

入江小学校以外の学校からも入学してきていたので、初めて見る人たちもいて、これから新しい生活が始まるんだと思い、胸が熱くなった。

ブラスバンド部入部

中学に入ってから僕は小学校のときから興味のあったブラスバンド部に入ろうと思った。いよいよ「1人の金管バンド」から卒業ということになる。ワタもマッコウもブラスバンド部に入り、マッコウからは、

「やっぱりお前、入りたかったんだな」

と言われた。

その気がないように見せていた僕の芝居はすっかりバレていたのだ。とにかく僕は念願のバンド部に入れて嬉しかった。

だけど、問題もある。

ブラスバンド部に入部した人のほとんどは小学校でも金管バンドに入っていたり、音楽をやっていた人だった。だから全員楽譜も読めるし、楽器をそれなりにうまくできる。

しかし僕はずっと1人でやっていて、まともに勉強したこともなかったので、楽譜も読

めず、トロンボーンも初心者だった。入部してすぐにワタに、

「はまじ、楽譜読めたっけか？」

と聞かれたけど、僕は咄嗟《とっさ》に、

「読める。読める」

と答えてしまった。

ちょっとしか読めないのに、そんな見栄を張ったばっかりに、僕はそれから読める振りをし続ける羽目になるのだった。


楽器を選ぶことになり、僕はトロンボーンがよかったんだけど、すでにそのパートは経験者で埋まっていた。初心者の僕に入り込む余地はない。だからという感じで僕はカタツムリのような形をしたホルンをやることになった。

トロンボーンがカッコいいから入りたかったブラスバンド部だったのに、思いがけずに違う楽器をやることになって、ちょっと失望した。ワタは僕と同じホルン。マッコウはトロンボーンからフルートに変わっていた。

まず、音を出すことが難しい。ワタやマッコウは経験者なのですぐにクリアしたけど、僕はなかなかできなかった。息を吹き込んで顔が赤くなるだけでなんの音も出てこない。だから音を苦労なく出すことに専念した。

ブラスバンドのどの楽器もそうだけど、一番・二番・三番・四番というパートがある。一番がリーダーで、三番が準リーダー、それから二番、四番という格付けになっている。その呼び名をファースト・セカンド・サード・フォースともいう。一番と三番が主旋律、二番と四番が副旋律をやる。

僕のホルンに関しては、3年生の女子のカヨ先輩が一番ホルン。短い髪で律儀、可愛い感じの人だった。2年生の女子が三番、ワタが二番、僕が四番だった。僕が四番っていうのは当然のことだ。

そんな僕にカヨ先輩は毎日つきっきりで指導してくれた。僕以上に熱心だったと思う。練習のかいもあって少しずつ音が出てくるようになると、音階を教えてもらう。それもできるようになると、シャープやフラットの指の押さえ方を覚える。それを覚えていき、

1カ月もするとホルンらしい音が出るようになった。

それから曲を習い始めたが、実は楽譜が読めない。だけどカヨ先輩にはそんなこと言えない。言ったら、役立たずとか言って追い出されてしまいそうだ。

清水市立第八中ブラスバンド部はレベルが高かった。ブラスバンドでは毎年夏に大きな大会がある。中部大会があり、それを突破して県大会、そして東海大会、最後に全国大会となる。そして八中ブラスバンド部は毎年中部大会を突破しているということだった。僕が卒業してからは全国大会にいったこともある。

そんなことをまるで知らずに入部した僕はびびってしまった。そんなメンバーの中に楽譜も読めないような僕が加わっていたんじゃ、みんなに迷惑をかけることになってしまう。

性の目覚め

マッコウは伊豆の稲取出身。海の近くで育ったため、黒々とした肌を持つ、力強い男だ。あるときマッコウが言った。

「夏休みに稲取に遊びにいくけど、はまじもいかない?」

僕は乗り気だったので、

「いくいく」

とすぐに返事をした。

そして僕とマッコウの2人でマッコウのおじさんの家に2泊3日で遊びにいった。電車を乗り継いで稲取に着く。目の前に海が開けていて、美しいところだった。

マッコウのおじさんの家に着いておじさんとおばさんに挨拶をして、マッコウと2人で散歩をした。蝉が大合唱で鳴いていて歩いているだけでたくさんの汗をかいた。

次の日、今井浜海岸に泳ぎにいく。マッコウは海の男の本領発揮で、

「モリで魚をとろう」

と言った。

僕は、森? と思った。どうして森に魚がいるのか? 僕は銛《もり》のことを知らなかった

のだ。するとマッコウは棒の先が槍《やり》のようになっている銛を持ってきた。マッコウは海での遊びに慣れているんだなあと感心した。それから2人で魚をとろうとしたけど、結局、魚は見つからず、その遊びは終わりになった。

泳ぎは小学校4年のときから上達していたので僕はもう水が怖くなかった。だから調子に乗って海に飛び込んで泳いだ。海は遠浅で足もつくので僕とマッコウはどんどん泳いでいった。

そんなことをしているうちにかなり沖にまできてしまった。そこにいくまで気付かなかった。振り返ると、陸やそこに立っている人がとても小さい。あれっ、と思って足元を探るが、当然、足もつかない。

僕とマッコウは恐ろしくなった。潮の流れにはまってしまって流されたのだ。それだけ陸から離れてしまうと戻るに戻れない。海は波があるから必死で泳いでもなかなか陸が近付かない。泳げるといっても僕は数年前まで顔を水につけることもできなかったのだ。

やばい。

このまま流されたら帰れないかもしれない。ものすごく怖くなってきた。僕とマッコウは波に呑まれながらも手足をばたつかせて死に物狂いで泳いだ。そしてようやく足のつくところまできたとき、僕とマッコウはぐったりしていた。

それから砂浜に上ったけど、2人とも一言も言葉が出ない。そんな状態が続く。僕は、よく助かったなあと思っていた。そしてそのときになって更に怖くなってきた。しばらく経ってから、僕は砂浜に寝転がったまま、マッコウに、

「危なかったね」

と言った。

マッコウはなにも言わずに頷いた。その日は2人とも静かだった。

次の日には僕たちは元気を取り戻して、山に登ったり、蝉をとったりした。だけどさすがに海にはいかなかった。

そしてその夜、僕は特別な体験をすることになる。

夜はマッコウと同じ部屋で寝るのだが、その部屋に『プレイボーイ』が数冊あった。

それが漫画などに混ざって無造作に置かれていた。何気なくページを開いていたら、女の人の裸が目に飛び込んできた。それまでの僕だと、そういうものを見ても、なんだつまらないと思ってすぐにページを変えてしまうのだが、そのときはじっと見てしまった。その写真を見ていたら胸の奥がむずむずして変な気持ちになり、ちんちんが半立ちになった。いろんなグラビアを見ていると、全立ちになる。

その夜のことをマッコウには内緒にしていたし、自分自身もどういう出来事なのか分からなかったけど、数日経ったら、あれが性の目覚めだということがなんとなく分かってきた。そして裸の写真をもっと見たいと思うようになった。

エロ本求めて

マッコウのおじさんの家から帰ってきて、僕はまだうずうずしていた。エロ本がほしくてたまらない。その気持ちを抑えきれずに、本屋に向かう。

本屋に入り、すぐエロ本のコーナーにいきたいけど、店員の目が気になったり、客の動きが気になる。そのせいで目的のコーナーにいくことができない。だから白々しく他の本を立ち読みしたりして機会をうかがう。なかなか客が減らないので、その店では諦めて別の本屋に向かう。

次は頭を使う。大きな店ではなく、レジの店員が女性ではない方がいい。だから僕は小さめでお年寄りの店員の人がいる店を探した。そしたら、あった！

店員がお婆さん1人で小さい本屋、その上客も少ない。ここしかない。いざ突撃という気持ちで店に入る。

客が完全にいなくなるまでスポーツやレジャーの本を手に取ったりして、待機する。胸がドキドキしてしょうがない。一刻も早くエロ本のコーナーにいきたいけど、その時機を誤ってはいけない。だから僕は特殊部隊の隊員のようにじっと待つ。

客がいなくなると、僕は俊敏な動きでエロ本のコーナーに移動し、素早く自分の好みのお姉さんの出ている本を探す。そしてまた客が入ってくると即、スポーツコーナーに戻るのだった。特殊任務はなかなか成功しない。

そんなことを続けて1時間経った。そしてまた客が出ていった。僕はエロ本のコーナーに向かう。すると店員のお婆さんが僕の方にやってきた。僕のそれまでの怪しい行動をお婆さんも気にしていたようだ。思ってもいなかった伏兵の登場に僕はひるむ。そして伏兵はしわしわの口を開く。

「なんの本を探しているのかねぇ？」

僕は慌てたけど、そのときすでに、好みの本を選び出していたのだ。ぎりぎりの任務完了だった。僕は、

「もう、ありましたので」

とお婆さんに言って、手にしていた『映画の城』というポルノ映画の紹介やポルノ女優の裸が載っている雑誌をレジに持っていった。

500円もしたけど、そんなもの値段じゃない。とにかく僕は宝物を手に入れたのだ。その本が僕にとってデビュー本ということになる。

それから何年もエロ本のお世話になるけど、なにしろ家が狭いので隠し場所に苦労した。それに下手をすると義父のビデオのように見つかってしまう可能性がある。結局、机の引き出しの中に隠したけど、妹に見つかってしまった。ちょっと落ち込む。

それにもっと劇的なことに、ナニをしているところを義父や弟や妹に見られてしまったことがある。母親以外には全員に見られた。ビデオが見つかったりエロ本が見つかったりするのとは話が違う。見られた！　と思った瞬間、血の気が引いて男性自身が小さくなってしまう。義父は、

「憲孝！」

と言って威勢良く部屋の戸を開けたが、僕がナニをしているのを見て、

「あ！　ごめん」

と戸を閉めた。

弟は僕がナニをしているのを見て、ものすごく冷たい目を一度僕に向けたあと、すぐに目を逸らした。

まだ幼かった妹はそれがどういうことかは分かっていなかっただろうけど、僕の慌てた態度から、ただならぬ事態ということを察したらしく、

「見ぃちゃった。見ぃちゃった」

と小言で囁《ささや》いていた。僕は、もう勘弁してくれと思った。

猛練習

夏に入り、ブラスバンド部では大会を目指した猛練習が始まった。そんなに激しい練習になるとは思っておらず面食らってしまった。僕は楽譜を読めないのを悟られないようにするために、家に楽譜を持って帰って、時間をじっくりかけて解読してくるのである。独学で楽譜を読むための勉強をしていたことになる。しかしそれにも限界がきて、ついにワタに相談した。

「俺、楽譜、読めない」

するとワタは、

「俺も最初は読めなかったけど、日が経つうちに読めるようになるよ」

と言ってくれた。

そう言うワタに驚いた様子もなくて、僕の嘘はとっくに見抜かれていたようだ。僕の嘘はいつもみんなにバレてしまっている。僕を励ましてくれたワタに感謝。

そして僕は四番ホルンのパートを吹くことになる。

自由曲の「ジュビラント序曲」はよりによってホルンが大活躍の曲だった。それにそんなに長い横文字の言葉をあまり知らなかったので、どうも難しそうだなあと思った。実際に中学生が吹くレベルの曲ではないらしいのだ。それを演奏することによって八中は中部大会突破を狙っているのだ。その上、課題曲の「ジュビラーテ」という曲も自由曲に負けないぐらい難しかった。

楽譜も満足に読めない僕だから、いつもその曲を不安の中で吹いていた。指の押さえ方は合っていても、唇の動きで違う音が出てしまうことがあるし、そんなことを続けているうちに頭がこんがらがってきてしまう。

ある日、顧問の先生が言った。

「ホルンがおかしい」

みんなそれが僕のせいだと分かっていたけど、ワタもカヨ先輩も僕のせいだとは言わなかった。しかし1人がミスをするだけでバンドはメチャメチャになってしまう。僕のせいで楽団に迷惑をかけていることになる。

顧問の先生も僕の音が変だということは分かっていたようで、

「浜崎、もう一度だ」

と言って、僕ができるようになるまで何度もやらせようとする。マンツーマンで指導を受け、その音は何拍伸ばすのかとか、どこで休符を入れるのかなどを教わる。僕は必死で覚える。みんなに迷惑をかけたくないからだ。そしてなんとか覚えて、形だけでも吹けるようになった。だけどその日寝たら、全部忘れてしまった。

そんな僕なので何度も特別練習をさせられて、ようやくという感じで少しずつ上達していく。カヨ先輩やワタにも助けてもらう。みんな自分のパートの練習でも大変なのに、僕のせいで苦労をかけた。いつもはすぐにメゲそうになる僕もそのときは頑張っていた。なんとか大会の演奏を成功させたいという気持ちが燃えていた。

そして大会を迎えた。

四番ホルン・全開！

　大会がやってきた。僕は緊張しまくっていた。それまでに経験のあるメンバーと違って、僕にとっては初めてのステージだった。それにその日までに自分のパートをマスターしたとはいえ、いざとなったらできるのか自信がなかった。

「静岡市立大里中学校」

「島田市立第二中学校」

「静岡市立安東中学校」

　ああ、どんどん僕たちの番が近付いてくる。ホルンを持つ手が震える。

「清水市立第八中学校」

　ついにきた。前に演奏した楽団がステージから降りていく。その間ステージは暗くなり、次の出演者を静かに待つ。そして僕たちはそのステージに向かう。みんな緊張と期待の入り混じった表情をしている。僕だけは緊張のみの表情をしている。

　ステージに立つ。それぞれのパートの椅子に座る。みんなが僕をちょっと気にしているのが分かる。僕がミスをしそうだということがみんな分かっているんだ。僕の観客は目の前のお客さんだけじゃなく、ブラスバンド部の中にもいた。

演奏が始まる。顧問の先生がタクトを振る。一斉に僕たちは楽器に息を吹き込み、静まった会場を楽曲が満たす。スネアが響く。シンバルが鳴る。僕はわけも分からないような状況で吹いている。

嵐のような演奏の時間が終わった。僕は結構間違えた音を出してしまって、それで楽曲をおかしくしてしまった。ワタとマッコウとカヨ先輩は自分の役目をきちんと果たしていた。僕はステージから降りるとき、悔しい気持ちで一杯だった。観客からの大きな拍手に包まれながら、僕はどうしようもない気持ちだった。

そして結果発表になって、僕たちはそれまで毎年突破していた中部大会を突破できなかった。3年生は最後の大会だったので突破できなくて残念だったと思う。だけどみんなは僕のことをまったく責めなかった。僕はみんなに迷惑をかけたのだと思い、心の中で謝っていた。

来年も再来年もこんなことを続けるわけにはいかないので、ブラスバンド部を辞めようかと思ったけど、ここで辞めたら負けだと思って僕は残った。迷惑をかけるのが嫌なら迷惑をかけなくてすむように練習をすればいいのだ。そして吹けるようになればいい。

努力の結果、1年生の終わりには楽譜を読めるようになり、自分としては進歩しているという実感があった。

手乗り文鳥

中学生のときはインベーダーゲームが流行っていて僕もそれにはまったり、映画を見にいくようになっていた。それに文鳥を飼うことになり、その世話をするのも楽しかった。

文鳥を飼うきっかけになったのはマッコウだ。

マッコウはインコを4羽飼っていて、その話をよくしていた。最初のうちはなんでもないことのように思っていたけど、トロンボーンのときのように話を聞き続けているうちに、僕も鳥がほしくなってきた。

鳥屋さんにいき、いろんな鳥を見たけど、一番ひかれたのは文鳥だった。手乗りというのがいかにも可愛いと思った。そして文鳥のヒナを2羽買う。それが小学校6年生のときだ。そして文鳥は僕が中学1年生の頃になると、だいぶ大きくなっていた。餌を一日4回あげたり、小屋を掃除したりとこまめに世話をしていた。たまに僕が餌を忘れたりすると、文鳥はピーピーという悲しそうな声で鳴いて、僕はそんな文鳥のことがとても好きだった。

育てるのは大変だったけど、文鳥は手に乗ってきたり、肩に乗ってきたり、僕のことを親と思っていたようだ。早く大きくなって僕のようになるんだと思っていたのかもしれない。だけどもし僕になれたとしても、それが文鳥にとっていいことだとは思えない。とんでもない人生になってしまうだろう。

そしてついに文鳥は卵を産むようになった。ある朝、2個の卵が巣の中にあった。おー、卵を産んだーと思い、お前たちの子どもを早く見せてくれと思った。孫を待つような心境だった。

だけど僕が学校から帰ってみると、その卵は巣から落ちて割れていた。どうも親鳥が卵ということをあまり分からずに、自分で下に落としてしまったようだった。もうその卵は孵《かえ》らない。僕はがっかりした。

鳥も日光浴をさせなければ弱ってしまうので、学校にいくときは外に鳥かごごと出しておく。ある日、学校から帰ってくると、鳥かごの扉が開いていて、その中に2羽とも文鳥がいない。どうしていないのか分からなかったので、僕は母に聞いた。

「文鳥はどうしたの？」

すると母は答えた。

「それがあんた、秋山さんちの犬に食われちまったんだよ」

「なにーーーー！」

と僕は叫んでしまった。

秋山さんちの犬はランという名だ。それまでは犬が好きな僕だったのでランのことも可愛がっていたけど、それで一気にランのことを敵だと思った。もっと詳しく母から話を聞くと、ランが鳥かごに飛びついてそれを落として、かごを壊して、そのうちの1羽を食べてしまったのだそうだ。もう1羽は扉が開いた隙に飛んで逃げたという。

僕はその話を聞いて泣いた。あの犬の野郎！　今まで可愛がってやったのに、と思った。

もう1羽の文鳥が近くにいるんじゃないかと思って近所を捜した。なんといっても僕のことを親だと思っているのだ。戻ってきてくれると思っていた。だけどいつになっても戻ってこなかった。

その夜、秋山さんとランが僕の家に謝りにきた。秋山さんはしきりに頭を下げて謝っていたけど、ランはそっぽを向いていて、全然反省していない様子だった。悪いことをしたとも思っていないようだ。お前が謝れっちゅうに。だけどランは最後までよそ見をしたままだった。

だけど猫が鳥を襲うのは分かるけど、犬のランはなぜ鳥を襲ったんだろう。秋山さんが餌を与えていなかったんだろうか。それともランは密かに僕のことを恨んでいたのだろうか。文鳥がうまい食べ物に見えたのかな。それにしてもかわいそうな文鳥だった。

ワタが辞める

中学1年生の終わり頃になってワタがブラスバンドを辞めた。切っ掛けはその前に、2人でふざけて部活を抜け出したり、ゲームセンターにいったことだ。そのことを顧問の先生に見つかって、

「やる気があるのか」

と言われ、僕は、

「あります」

と答えたが、なんと、ワタは、

「ありません」

と答えた。それを聞いた顧問は怒りながら、

「それならお前は辞めてしまえ」

と言った。するとワタも、

「辞めます」

と言った。

思ってもいなかった展開に僕は、なんで？　と思った。せっかくの親友なのだ。同じ部活を続けたい。それに僕がそこまでホルンを吹けるようになったのも、協力してくれたワタのおかげだった。僕はワタを説得したけど、結局、辞めてしまった。

部活が変わってもワタとはそれまでのように接していた。だけどワタもバンドのことが少し気になっているらしく、たまに、

「ホルンの調子はどうだ？」

と聞いてくることがあった。それに僕は、

「少しはできるようになったぞ」

と答えていた。ワタはそのとき少し寂しそうだった。


2年生になり、新しいブラスバンドの生活が始まった。それまで一番ホルンをやっていたカヨ先輩が卒業して、それぞれひとつずつパートのランクが上がるはずだった。そ

して僕は四番から二番になる予定だった。

しかしワタが辞めてしまった。それによって僕は一気に四番ホルンから三番ホルンへ二階級もランクが上がってしまった。そんな僕は完全に楽譜が読めるわけじゃないし、音だってたまに間違えてしまうのだ。それなのに準リーダーである三番ホルンになってしまった。

責任も出てきて、後輩に指導もしなければならない。僕は厳しい立場に立たされた。ホルンのパートには2人の新入部員が入ってきた。しかしその2人の後輩は小学校のときに金管バンドに入っていたという経験者だった。正直言って僕より演奏もうまいし、楽譜もすらすら読める。そんな後輩に僕が教えなければならないのだ。なんか、おかしなことになってきた。

お笑いが好き

中学になって僕は本格的にお笑いが好きになってきた。お笑い番組をやっているとそれを好んで見ていた。特にドリフターズが好きで、その他にも「お笑いスター誕生」もよく見ていた。

外国人と肝だめし

僕が中学生の頃、地方の街である清水には今のように外国人がいなかった。中国の人や中東の人たちは見たことがあったけど、白人の姿はほとんど見かけなかった。

ある日、隣のクラスの友人が僕に言った。

「今日、外国人のところに遊びにいこう」

外国人は白人男性2人組だった。僕を誘った友人の近所に住んでいて、キリスト教の布教のために日本にきている人だった。友人は彼らのことを、

「面白いやつらがいるぜ」

と言っていた。

僕は彼らに会って、まずその体の大きさに驚いた。2人とも2メートル近くあったと

思う。それに青い目と金髪に度肝を抜かれた。

日本に住んでいるぐらいだから少しは日本語が話せるのかと思っていたら、彼らの日本語は完璧だった。聞き取りも話すのもばっちりだった。真面目な青年といった感じの人たちで、故郷のアメリカの話をしてくれたりした。

そうしているうちに仲良くなってきて、肝だめしをやろうということになった。僕をつれてきた隣のクラスの友人が提案した。白人たちは肝だめしの言葉の意味が分からなかったようなので、友人が説明した。

「日本の幽霊、うらめしや〜。日本のお墓、うらめしや〜。ゴー・トゥ・お墓」

とか言っていると、彼らも納得したようで参加することになった。その肝だめしの会場は昔、アカベーと野球をやって、ボールがどんどん飛び込んでいってお坊さんに叱られたことのあるお墓になった。僕たちが白人を驚かす役になり、2人だけでは少ないので僕のクラスの友人にも協力してもらった。

肝だめし当日になった。

暗いお墓に僕たちはスタンバイした。1人は釣り竿にコンニャクをつけたものを持ち、もう1人はフランケンシュタインのお面を被り、僕はワイシャツに赤い絵の具をつけて死体の役をやることになった。そして新聞紙を丸めて死体を作り、それを白人に投げようと思っていた。

準備がすんで、僕たちは、

「ウォーキング、ウォーキング」

と白人に呼びかけた。

僕たちの英語の成績はひどいもので、そんな言葉しか出てこなかった。だけど白人にはそれで通じたようで、決まっていたコースに彼らは歩いてきた。

まずコンニャク。

友人がそれを白人の首筋に当てたりしたが、白人はまったくリアクションがなかった。なんの声も出さないし、虫を追い払うようにコンニャクを払いのけるだけだった。それには脅かすはずの僕たちの方がびっくりした。

次に墓場の角を曲がると死体に扮した僕が寝転がっている。しかし白人は僕を見ても、

「コレハね」

「ドウモね」

と首を傾げて、いい反応をしてくれない。

死んだふりをしているのにそんなふうにしか思ってもらえないなんて僕は情けなかった。僕は死体なので、彼らが驚かないとは分かっていても、彼らがいなくなるまでは動いてはいけない。その間、恥をさらしているみたいだった。

その次はフランケンだ。フランケンのマスクを被った友人が茂みの陰から白人の前に飛び出してくる。これには白人もちょっとだけ驚いたようで、

「オウ」

「ワオ」

と言っていた。だけどすぐに真顔に戻ってすたすたと歩いていってしまう。

そして最後、僕が新聞紙で作った死体の人形を白人に投げつける。これだけは自信があったのに、やってみると彼らは、

「ウーン」

「マダマダね」

という評価だった。

それで僕たちの出し物は終わってしまった。そして逆に僕たちの方が、白人は強いと思ったのである。僕たちは彼らが帰ったあとで人形を片付けたり反省会をやったりした。僕たちの評価も「マダマダね」だった。

中学3年生の夏休み

ブラスバンドの大会は2年、3年は中部大会を突破し、いずれも県大会で負けていた。僕もその頃になると、かなり上達していて、3年のときには楽譜も問題なく読めるようになっていた。そしてきちんと後輩を指導することもできて、どんな曲でもこいという気持ちだった。当然、一番ホルンになり、3年間でこれだけできるんだという自信がついた。

そして3年の大会が終わると、僕たちは高校進学のための準備に入る。だけど夏休みに入ってから僕は勉強もせずにゲームセンターばかりにいっていた。それがそのあとの高校入試に響いてくることになる。

夏休みの宿題に僕の苦手なものがあった。それが感想文だ。中1や中2のときはあらすじを書いてなんとか原稿用紙を埋めたけど、3年のときはなにもしなかった。というより本さえ読まなかった。どうしようかなと考えたら、いい案が浮かんだ。

この世には何千何万冊という本があるのだ。先生がそのすべての本を知っているはずがない。それだったら架空の話を自分で作ってその感想文を書いてしまえばいいんじゃないだろうか。

自分で考えた話のタイトルは『悲しかった黄金の犬』。中3にしてはちょっと幼いタイトルかもしれないけど、他に浮かばなかったので、それでよしとした。ストーリーは、

ある少年が子犬を拾い飼うことになる
少年はその犬にコロという名をつける
少年はコロと遊んでいるとき交通事故に遭う

命が危うくなった少年の側で突然コロの体が黄金に輝き始める
すると少年の生命が回復に向かう
少年はコロの超能力を知らないが、健康になり、コロとの友情は更に深まる
実は少年の父は癌《がん》になっていて、ついでにコロは少年の父の命を救う。そのときコロはやっぱり黄金に光る
元気になった少年とコロは遊ぶ
遊んでいたボールが道に転がっていってしまう
それを少年は拾いにいく
なんと、少年は二度目の交通事故に遭いそうになる
そのときコロはまた黄金に光り、少年を突き飛ばして自分が身代わりになって車にはねられる
コロは死ぬ。少年は助かる

というものだった。僕はこの話を読んだことにして感想文を書いた。それについて先

生はなにも言ってこなくて、計画は成功だった。

高校受験

それまで勉強はまったくしていなかった僕だけど、高校にはいきたいと思っていた。それに高校ぐらい簡単にいけるものだと思っていた。しかし進学希望の高校を担任と相談するときに、担任と僕の希望がかなり食い違ってしまった。

その前に大きなテストがあって、それで僕の実力がはっきりと出てしまっていたのだ。僕が希望していた農業高校の土木科は定員が40人だった。そしてそのテストの結果で出ている僕の順位はギリギリの40番だった。僕はなんとか入れるなと楽観していたけど、担任は無理だと言う。その上、

「どうして、ここを受験することにしたんだ?」

と聞かれてしまった。不思議に思っていたに違いない。

僕は義父が土木関係の仕事をやっていたので、僕もその道に進んだ方がいいんだろう

と思っていた。でもそれが無理だと言うので、他の高校だったら、どこにいけるのかと聞いても、担任は、

「それも無理だ。それも無理だ」

と言うばかりだった。

「じゃあ、どこの高校なら僕に向いているんですか？」

と僕は投げやりに尋ねた。すると担任は、

「T学園T高校」

と言った。

それを聞いて僕は、えっ？　と思った。

T高校は校則も厳しいいし、カッコ悪い学校だった。中学生のときの僕から見たT高校は、一番いきたくない高校だった。それに他の高校は髪を伸ばしてよかったのに、T高校だけはまた坊主頭にしなければならない。そのチェックの入ったような制服もださいことで有名だった。極めつきは男子校。面白いことはなにもなさそうだ。

そんなT高校を志願する人はいない。いくしかなくていくような高校だった。そこに

入るのは嫌だったので、僕は担任に、

「T高校以外にはないんですか？」

と尋ねた。すると担任は断言した。

「ない」

嘘つけ！　そんなところしかないはずはないと僕は思っていた。しかしどうも担任の言っていた通りだったようで、結局僕は単願でT高校を受けることになった。ワタとマッコウはそれなりに勉強をしていたので違う学校にいくことになった。

しかし小学校からの友人だったカニエイは僕と同じT高校を受けることになった。友達がいるということでわずかな希望があると感じた。

受験勉強はしなかったけど、T高校に僕もカニエイも受かった。受けた人はなんと全員が合格したのだった。いきたくないと思っていた高校だったけど、合格したときは喜んでしまった。

あとになってカニエイは、

「俺は本当は落ちたかったんだぜ」

と言っていたけど、僕はそれが本心の言葉じゃないと思っている。

1981年　3月31日　清水市立第八中学校卒業

悪夢の高校時代

高校入学

T学園T高校の入学式は五厘《ごりん》刈りで出なければならなかった。中学生のときの坊主は五分刈りだったので、それよりも短い。他の高校に進学した友達は髪を伸ばし始めているのに、僕は中学から合わせて6年間の坊主道をいくことになってしまう。T高校にいきたくない理由の1位が「坊主」だった。

高校の雰囲気は穏やかだった中学と違って厳しいものだった。入学式に校長からの挨拶があったけど、彼は、

「早くこの校風に慣れるように！」

と怒鳴るように言っていて、今後の高校生活を一層不安にさせた。

T高校のすごさにはこんなものがある。

一、毎朝放送による朝礼があり、生徒信条を大声で言わなければならない

二、頭髪は1・6センチ以上になってはならない。それを少しでも越えるとその場でセンター五厘にさせる。センター五厘とは頭の真ん中だけをバリカンで五厘にされることだ。逆モヒカンの坊主版だ

三、通学時、教師と擦れ違ったときに帽子を取って挨拶をしないと、センター五厘にされる。学ランのホックをしていないだけでも、センター五厘にされる

四、学校についたら学習着に着替えなければならない。ジャージとも体操着とも制服とも違うものだった。そんなものがあるのは学区内の高校でT高校だけだった

五、他の高校の土曜は午前中で終わるのに、T高校は弁当持参で、全員で掃除をして、ホームルームが終わってからの下校となる。したがって2時頃になってしまう

六、3年間で計12回もT高校指定の竜爪山《りゅうそうざん》（標高1051メートル）に登らなければ卒業することができない

七、停学は自宅停学ではなく、学校停学である

こんな学校で3年間すごすのかと思うと、気が遠くなった。少し説明しておくと、T

高校の生徒の家には絶対にバリカンがあった。いつも髪を1・6センチ以下にしておかなければならないからだ。バリカンを持っていないのは僕の家ぐらいだった。だから僕は友人のカニエイに坊主にしてもらっていて、400円をカニエイに渡していた。

学校停学というのはT高校独特の規則だった。通常、停学は自宅で謹慎することだが、なんとT高校では学校に通わなければならない。それは停学ではないと思うかもしれないけど、1人で違う部屋に閉じ込められて、正座をさせられ、延々と7、8時間、生徒信条をノートに書かされるのだった。僕はやったことはないけど、やったことのある友人はやつれた顔で、

「地獄を見た」

と言っていた。

空手部

いろんな部活を見て回ったけど魅力的なものはなかった。ブラスバンド部は部員が少

なすぎて、それまで大人数でやってきた僕には物足りなかった。だから入るのをやめた。

そんなときカニエイが僕を誘ってきた。

「空手部に入ろう」

僕は、

「やでー」

と言った。

なにも興味が湧かなかったし、運動部はつらそうだったからだ。しかしカニエイは何度も誘ってきて、それがあまりにしつこいので、僕も根負けして空手部に入ることになった。僕は昔から人に強くものを勧められると、それに頷いてしまうところがあるようだ。

空手部には僕たちの他に10人の新入部員がいた。ちなみに先輩は2、3年を合わせて4人しかいなかった。練習があまりにきついのでそれぐらいしか残らなかったのだろう。

練習は相当厳しかった。空手家になるための体を作らなければならない。僕は運動を全然していなかったので、基礎体力がない。スクワットや拳立てや腹筋をやるのだが、特に拳立ては最初の頃は地面に拳をつけるだけで痛くて仕方がなかった。

夏休みには空手の試合があった。僕は下手だったので出場することもできなかった。だけどそんなことより恥ずかしかったのは、試合会場までT高校の制服でいかなければならなかったことだ。周りから、あいつらT高校だぜという目で見られるのが嫌だった。

登校拒否

夏休みがあけると、僕は真面目に学校にも部活にもいく気がなくなっていた。こんな高校にあと3年も通うのは嫌だという気持ちが大きくなっていた。高校の友人もできて、それなりに慣れてきたのに学校にいきたくないという気持ちが膨らんできた。つまらないつまらないと思いながら通学していた。

10月に入り、いよいよ学校にいくのが憂鬱になってきた。いっても楽しいことはないし、授業にもついていけなくなっていた。それに部活の空手もうまくならない。

そんなことが重なって、なにもかもが嫌になってきていた。なんとなくこれは小学校3年生のときの戸川先生のクラスに似ていると思った。あんな感じですべての物事が重く僕にのしかかってきていた。

休みの日に中学時代の友人と遊ぶと、彼らはみんな長髪だった。僕はそこでも坊主頭なのだ。友達の自由な髪型を見ていると、ますます学校にいく気がなくなってくる。どうして俺は野球部でもないのに坊主なんだろうか？　突然、俺が学校にいかなくなったりしたら、担任の先生や学校の友人が心配するだろうか？

そんな疑問が浮かんでくる。そしてそのことで僕は自分がT高校を辞めたくなっていることに気付く。

一度、嫌になってしまうと、再び好きになることは難しい。次から次に嫌な部分だけが見えてしまうのだ。そして少しは好きだったかもしれない部分が見えなくなってくる。

僕はどうにかして高校に残れるように自分を説得してみた。高校ぐらいは卒業しておいた方がいいと思った。だけどどれほどT高校をいいように考えようとしても、必ず、辞めなければならないという結論になってしまう。今辞めなければダメになる。俺はダメになってしまう。そんな思い込みが強くなってきていた。

10月中旬、とうとう僕は決行してしまう。小学校3年生のときと同じことをしてしまう。

朝、学校にいくふりをして家を出て、自転車で学校とは別の方向に向かう。しかし制服や自転車がT高校指定のものなので補導されるかもしれない。そのときは、テスト期間で学校が早く終わっていると言おうと思っていた。

ふらふらと自転車をこいでいると、夏休みに泳ぎにきた海岸に辿り着いた。潮風は冷たくて、サーファーたちが波乗りを楽しんでいた。僕は寒いなあと思いながら、その光景をじっと見ていた。

その日の夜、家に帰ると、

「なんで学校にいかなかった?」

と母が言った。

学校から家に連絡があったらしい。僕も母もすっかり小学生のときのことを思い出していた。そして僕は申し訳ないと思いながらも、自分はこれから学校にいかなくなるのだろうと思った。そして母の言葉を無視して自分の部屋に閉じこもった。

次の日も学校にいくふりをして家を出て海にいく。そしてまた一日中サーフィンを見ていた。そして彼らは自由だなと思った。いつかサーフィンをやりたいと思った。

その日家に帰ると、義父が僕に、

「学校辞めるのか？」

と静かに言った。僕は、

「辞めたい」

と答えた。すると義父は、

「辞めるなら学校に退学する主旨を述べてこい」

と言った。

義父は終始穏やかな口調で話していたし、その内容は僕にとって思いがけないものだった。「高校だけは卒業しろ」と言い続けていた義父だ。そんな彼が辞めていいと言い出すとは思ってもいなかった。きっと義父も母も小学生のときのことを思い出して、あんなことは繰り返したくないと感じたのだろう。義父に辞めていいと言われた僕は寂しい反面、助かったと思った。

学校に退学の意思を伝えなければならなかったけど、気が乗らなくて、次の日も僕は学校にいかなかった。その頃から友人から電話がかかってくるようになって、

「どうして学校にこないんだ」「みんな不思議に思っている」

と言われた。

カニエイだけは僕の気持ちを知っていたので、あまりそのことについて聞いてこなかった。もう僕が辞めるのをとめることはできないと諦めていたのかもしれない。

登校拒否をするまで僕は毎日学校に通っていたのだ。一学期は皆勤賞だった。そんな僕がいきなり学校にこなくなったので、友人も先生も原因が分からなかったようだ。担任から電話があって、

「どうした？」

と尋ねられた。僕は、

「もう辞めたいです」

と答えた。

「どうしてだ？　理由が見つからない」

「いや、辞めたいから辞めたいんです」

そして友人関係とか、部活のこととかを聞かれたけど、そういうことじゃなかった。僕はT高校にあと2年以上もいたくなかっただけだ。今考えれば、それは逃げだったかもしれない。だけどそのときは、辞めなければいけないという思いが切実にあった。

初仕事

学校にいき退学するという旨を伝えることはできなかった。そんなとき義父が、

「学校にいかないなら仕事ぐらいしろ」

と言い、僕は仕事を探すことになった。

小学校のときの友人で、登校拒否をしていた僕を家の前に迎えにきた塩ピンが情報をくれた。瓦屋がアルバイトを探しているというものだった。塩ピンとはあまり遊んだ記憶がないんだけど、小学校3年生のときといい、そのときといい、僕が学校にいかなくなっているときにふらりと現れて手を差し伸べてくれる人だった。

そして僕は塩ピンから聞いた瓦屋のバイトにいくことにした。日当は5000円だ。

順調に働いていると、1週間ほどしてから親方に、

「浜崎は学校をちゃんと辞めたのか？」

と聞かれ、

「まだです」

と答えたら、

「ダメだよ。正式に辞めてくるまではここで働かせることはできない」

と言われた。男気のある親方は僕のことを気遣ってくれて、そのあと、

「学校をしっかり辞めたら、またくればいい」

と言ってくれた。

僕もいよいよ決意を固めた。その頃、空手部の友人が3人もやってきて、

「早く学校にこいよー」

と言ってくれたけど、辞めることを決めていた僕は、

「あとは退学届けを出すだけなんだ」

と言って、みんなに帰ってもらった。せっかくきてもらったのにゴメンね。

12月に僕はT高校に母とともに出向いた。向かった先は校長室。初めて入る校長室にはひんやりとした雰囲気が漂っていた。そして壁に歴代の校長の顔写真が並んでいて威圧感があった。久しぶりに会う担任の教師と校長と僕と母の4人で、僕の将来のこと、高校の重要性、仕事先のことなどを話し合った。

校長から承認をもらい、12月2日、僕はT高校を自主退学した。申し訳ないのでクラスメイトには会えなかった。なんと言っていいのか分からなかった。そして僕の半年足らずの高校生活は終わった。

鉄工所に就職

高校を辞めた僕は瓦屋の親方のところで働くつもりでいたけど、義父から、

「鉄工所にしろ」

と言われ、そっちの方が人手が足りなくて困っているというので、僕は瓦屋ではなく鉄工所に就職した。

すぐに働き始めたものの毎日のように残業があってつらかった。12月の年の瀬ということもあって、夜の11時近くまで働く日々が続く。

その頃の僕の楽しみといったらテレビぐらいしかなかった。漫才ブームということもあり、「ツービート」をはじめとして、「のりお・よしお」「B&B」「紳助・竜介」「ザ・ぼんち」などがテレビをにぎわせていた。僕は特に「ツービート」のファンで、ビートたけしの本はすべて読んでいたし、番組もかかさずに見ていた。新宿までライブを見にいったりもした。

しかしあまりに残業が続くので、唯一の楽しみであるテレビも見られなくなってしまった。仕事をしている以上、当たり前のことなんだけど、僕はまだ学生気分が抜けない子どものような考え方をしていた。

12月分の給料が出たが、がっかりした。初任給は9万円しかなかった。毎日残業をしているのに、それだけしかもらえないのだ。日給に換算すると３５００円だ。10万円以上はもらえると思っていたので肩透かしを食らった気分だった。

失敗した、瓦屋の方がよかったと思った。瓦屋なら仕事もそれほどきつくないし、親方は尊敬できる人だし、給料だって高い。

だけど見習いの僕は文句を言える立場じゃない。そして働いてお金を稼ぐということの厳しさ、難しさを知った。

そのことで僕はすっかりやる気をなくしてしまった。高校を辞めて仕事をして生きていこうと思っていたのに、安い給料を見せつけられて呆然としてしまった。そしてその鉄工所もたった2カ月間で辞めてしまう。

その頃の僕は辞め癖というものがついていたんだと思う。自分に合わない場所ならどんどん辞めればいいやというだらしない気持ちだった。

鉄工所を辞めたことを話すと、義父は怒った。しかし残業の多さと低賃金を知ると僕に同情してくれたところもあったようで、

「それなら、俺のところで働くか」

と言ってくれた。

そして僕は義父の土木の仕事を手伝うことになる。ネコという一輪車を使って生コンを運んだりする力仕事だった。あくまで「手伝い」という立場で働いていたので、僕はその間に自分がやりたいことを探していた。

そんなときテレビの中に「ツービート」がいた。彼らは客を笑わせ、その真ん中にいた。表情は自信に満ちていて僕には彼らが輝いてみえた。

そして僕は漠然と漫才師になりたいと思うようになる。そうなると東京のような大きな街へ出ていかなければならない。そして思いきって出てしまえば、なにかが始められるような気がした。東京にいったからってうまくいくとは限らない。だけど先が見えないながらも東京には希望があった。清水という街ではその小さな希望という光でさえ、僕には見えなくなっていた。

東京

出発

義父のワゴンに引っ越し道具をつめて東京のアパートに向かう。義父の仕事を手伝っている間、東京に何度かいって不動産屋を回り、見つけたアパートだ。

「仕事も決まってないのに、なにしにいく?」

と家族は言ったけど、僕は漫才師になりたいということは伝えていなかった。そして強引に引っ越しを決めて、4月から東京で暮らし始めた。

僕の借りたアパートは1万4000円で当時最も安い物件だった。4畳半で風呂もなく、トイレも共同。ひどい環境だったかもしれないけど、初めての一人暮らしでうきうきした気持ちだった。東京にいるだけで自分が大きな力を手にしたようだった。

そうはいっても、バイトを見つけなければ食っていけない。どうやったら漫才師になれるか分からないので、生活のためにバイトをすることにした。そしてアルバイト情報誌を広げて近所のバイトを探した。しかし16歳という年齢だと「高校生限定」というものが多かった。高校を中退した16歳では雇ってくれるところはほとんどなく、僕は途方に暮れてしまった。面接することはできても、

「高校を辞めた」

と言うと、面接官に、

「高校は出ないとこの先大変だよー」

と言われて不採用になる。僕は現実の厳しさを思い知った。

バイトも決まらない生活がしばらく続き、東京に出てきたときの希望に満ちた感情も萎《しぼ》んでくる。最初は楽しかったけど、日に日に一人暮らしも寂しくなってくる。

貧乏だったので食事は一日一、二食しかとれなかった。それもカップラーメンばかりで、小学校3年生のときにアカベーの家で食べさせてもらったカップラーメンが頭にちらついた。あの頃はカップラーメンがご馳走だった。だけど時間が経ち、いつの間にか、僕はそのカップラーメンしか食べられなくなってしまった。

そしてバイト選びの条件を落として探すようになる。どんなものでもいいと思って探すと、好景気ということもあり、次々に仕事は見つかった。しかしどれも続かない。ケー

キ屋、ほかほか弁当屋、印刷屋、焼肉屋、建設業など、いろいろなバイトをやるが、どれも1カ月程度で辞めてしまう。そんな生活が1年ほど続いた。

漫才師になりたいとはまだ思っていた。僕の尊敬する西川のりおさんに「弟子にしてほしい」という文章を往復ハガキで出した。

返ってきたハガキを見ると、のりおさん自身が書いたものではなく、マネージャーか誰かの代筆のようだった。のりおさんは忙しいのでそこまで手が回らないのだろう。ハガキには達筆で「弟子入りは受けつけていない」という内容が書かれていた。

だけど僕は諦めるわけにはいかなかった。そのために東京まで出てきたのだ。そのとき、のりおさんは『笑ってる場合ですよ！』という番組をやっていて、アルタスタジオから放送しているということだった。僕の住んでいるアパートはアルタまで自転車で15分ぐらいの距離だ。

アルタの下で待って、のりおさんが出てきたら、土下座をしよう。そして弟子にしてもらえるように頼んでみよう。

僕は『笑ってる場合ですよ！』を放送している木曜日にアルタまでいき、のりおさんが出てくるのを待った。緊張で胸が張り裂けそうだった。そして1時をすぎ、番組が終わり、ついにのりおさんが出てきた。

「のりおさんですね」

と僕は駆け寄った。

「以前ハガキを出した者ですが、僕を弟子にしてください！」

そう言って人込みの中で土下座をした。もう恥ずかしいという気持ちはなかった。ただ緊張していたし、ここで弟子にならなければならないという思いだった。

間近で見たのりおさんには迫力があった。そして優しい声で言う。

「え、ハガキ出したんか、知らんわー」

「往復ハガキで出しました」

と僕が言うと、のりおさんは、

「俺はまだ弟子を取れる身分ではないのでダメやー」

と言った。

「ダメですか？」

「ダメで悪いなー」

のりおさんは僕の肩を抱きながら話してくれ、そのままいってしまった。1分ぐらいのはずだったけど、とても長い時間に感じられた。ぼんやりしながら自転車に乗ってアパートに帰る途中、

「弟子を取れる身分ではないのでダメやー」「ダメで悪いなー」

というのりおさんの言葉がずっと頭の中を回っていた。

アパートに帰ってきて大の字になってみても、その声は消えなかった。自分がとても小さくなってしまった気がして、4畳半の部屋がとても広く感じられた。好きだった人に告白して振られたような失恋の感じに似ていた。そして僕の漫才師になりたいという夢は、僕の体から飛び出してどこかにいってしまった感じだった。この先、どうしようかとその部屋で考えた。

それにその頃になると、義父から、

「お前、なんのために東京にいったんだ」

と言われることも多くなっていた。

今までは漫才師になるという夢があるから、なんとか抵抗していた僕も、それが消えてしまうと、その言葉が重く響いた。そうなんだ。僕は「ツービート」や「のりお・よしお」に憧れた何万、何十万という若者の1人でしかなかったんだ。

カニエイきたる

友人のカニエイとは、高校を辞めて僕が東京にきてからも文通をしていた。バイトのことや、漫才の話題のことなどを手紙に書いていた。週に一度は手紙をやり取りしていて、それが僕の楽しみになっていた。

のりおさんに弟子入りを断られてから、僕は手紙に弱気なことばかりを書くようになった。

「漫才はやっぱり難しいなあ」「仕事もうまくいかない」「東京には友達もいない」

カニエイは僕の様子を分かってくれて、東京に遊びにきた。弱っていた僕にとってカニエイの訪問は待ってましたという感じだった。そして東京見物をしたり、1杯120

円のチクワ丼を食べたり、酒を飲んだりした。酒の席でカニエイは僕のことを誘った。
「今度清水で仮装大会がある。俺と一緒に出ないか」

清水駅前銀座仮装大会

僕はカニエイの誘いに乗ることにした。なにか面白いことをしたかったたし、なにかしなければいてても立ってもいられない気分だった。そういう賑やかなイベントに出て、落ち込んだ気持ちを振り払いたかった。そんな僕の状態を分かって提案してくれたカニエイには本当に感謝している。

いざ清水に帰る日、なんの成果も出さずに地元に帰るというのが心苦しかった。それに「仮装大会に出る」なんていうのは、おかしな言い訳のように思えてきて複雑な心境だった。カニエイとは清水で会うことになっていたので、僕は1人で電車に乗る。

トンネルに入ると、鏡のようになった窓に自分の顔が映る。それはやる気をなくして、なにも誇れるものがない顔付きだった。

清水に着き、カニエイと落ち合って、2人で仮装大会出場者募集の申し込みにいく。仮装の準備をしなければならないので、その日から大会までには2週間の時間があった。その間になんの仮装をするかということや、それが決まったらコスチュームの制作などをしなければならない。

仮装大会は駅前の商店街がリニューアルした記念に行われるもので、賞金も出ることになっていた。参加賞が1万円、3位が3万円、2位が6万円、1位は10万円だった。

僕とカニエイは、

「よし、1位とったるでー」

と決意した。

家に帰ると家族の態度は冷たいものだった。どうも家の中に居場所がないという感じだった。しかし仮装大会までの2週間はそこにいさせてもらわなければならない。あまりに申し訳ないので、自分から進んで義父の仕事を手伝ったりした。

そしてカニエイとどんな出し物にしようかと話し合う。時間もなかったのですぐに決めたのが、「原住民と牛」というテーマだった。原住民の隣に牛がいれば牧歌的で面白いなあという発想だった。今の時代からすると批判されてしまうかもしれないが、その頃の僕とカニエイはいいアイデアだと思った。

ここで問題がある。

どっちが「原住民」でどっちが「牛」をやるかということだ。

原住民はモヒカン頭で槍と盾を持ち、服装は短パン、そして体を習字の墨やマジックで塗りたくる。牛は角をつけ、体を白黒に塗り、鼻にはリングをつけ、原住民に引っ張ってもらう。

こう書くとどちらがいいのか分からないかもしれないが、牛は仮装中、常に四つん這いになっていなければならないため、原住民の方が楽に思えた。僕もカニエイも原住民をやりたかったけど、キャラクター的にカニエイが原住民っぽく、僕は牛っぽかったので、そういう配役になった。

ベニアや角材などを製材屋からもらってきて、道具を製作し、準備を整え、仮装大会当日になった。牛の鼻リングは英単語をまとめるために使っている鉄の金具を採用して、僕の鼻につけることになった。仮装大会は11月に行われて、かなり寒かったが、僕たちは2人とも上半身裸で下は短パンという格好で出場する。

朝早く仮装大会の準備室にいき、体に習字の墨を塗り合う。原住民役のカニエイは全身に塗って、牛役の僕はまだらに塗ってもらう。そのとき準備室にいた3人の小学生たちは水戸黄門の仮装をしていた。それがとてもよくできていたので、これは負けたと思ってしまった。だけどやる前からそんなことを言っているとダメなので、その小学生たちをライバルだと思うことにした。

いよいよ駅前の商店街を仮装して練り歩くことになった。参加者は全部で20組もいた。忌野清志郎やスーパーマン、ロボットなどの仮装をしている。その中で上半身が裸というのは僕たちだけだった。

とても寒い。その上、僕は牛なのでずっと四つん這いになっていなければならない。膝当てのようなものを用意していなかったので、膝が冷たくて痛くなり、血も滲んでくるし、途中から感覚がなくなってしまった。

盾と槍を持ったカニエイは適当な言葉を叫びながら歩いていくので、かなり注目されていた。僕はモーモーしか言えないが、カニエイはどんどん歩くスピードを上げていく。そのため鼻のリングが引っ張られて相当痛かった。カニエイは僕を慰めるために仮装大会に誘ったんじゃなかったのか。これじゃあ拷問だと思いながら、僕は牛を続けた。

そして審査員の前で2分間のアピールをして、結果を待つことになる。

審査結果を待っている間、カニエイと2人で他のグループの評判について話していた。20組の参加者の中で僕たちは目立っていた方だと思うけど、10人でスーパーマンをやっていたグループと、水戸黄門をやった小学生には負けるだろうという結論になった。

いよいよ結果発表になる。

3位からだ。アナウンスが流れる。

「第3位は、水戸黄門」

威勢のいい声とともにボードに貼られたシールが剥がされて、そこに「水戸黄門」の文字が現れる。それを見て、僕とカニエイはこれはやられたと思った。僕たちの仮装が水戸黄門より上の順位であるはずがない。アピールでは僕たちの方が派手だったかもしれないけど、仮装では明らかに水戸黄門に負けている。僕とカニエイが落胆していると、次のアナウンスが入る。

「それでは、第2位は、原住民と牛」

僕とカニエイは一瞬、なんだか分からなかった。あれ？　と思っていると、シールがめくられ、「原住民」の文字が現れる。それで僕たちは顔を見合わせて、次の瞬間には大きな歓声を上げていた。抱き合いながら、1位の結果発表までの間、やったーやったーと叫んだ。1位はスーパーマンだった。それは納得の結果だった。

僕たちは6万円の賞金をもらい、カニエイと半分に分けた。だけどそんなお金のことよりも僕は水戸黄門に勝てたことが嬉しかった。そしてまだ自分にもやれることがあるかもしれないと思った。

僕は牛をやりとげた。そして水戸黄門に勝ったんだ！

そんな僕だけにしか分からない達成感を抱いて、僕は実家に帰った。そして風呂に入りながら、充実した一日だったと思った。墨のついた体を洗いながら、東京に戻って、もう一度なにかをやってみようという気持ちになった。

高校へいきたい！

通信高校入学

仮装大会が終わり、再び東京に戻ってきてから、僕はある言葉が気になっていた。上京したての頃、バイトの面接で断られたときの、

「高校辞めちゃったのかね。中卒では仕事がないよ」

というものだった。

そう言われて腹が立ったときもあったけど、それは結局自分の問題だったんだということに気付いた。そして高校を辞めたことを後悔するようになり、その言葉が魚の小骨のように僕の心から抜けなかった。

そして僕は高校はやっぱり出ておきたいと思うようになった。漫才師になりたいという漠然とした憧れのようなものではなく、自分の手に届く目標を設定することにした。

本屋にいき、高校入学の本を探していると、「通信教育」の本があった。そこにはたくさんの通信制の高校や定時制の高校が載っていた。

　僕はバイトをしていたので、それを辞めて高校だけに通うわけにはいかない。なので通信制や定時制が僕には向いていると思った。そして特に興味を持ったのが通信制高校だった。

　通信制というのはどのように勉強するのだろう？　それで一般の高校を卒業したのと同じようになるのだろうか？　入学金はどれぐらいだろうか？

　そんな疑問が次々に浮かんできて、僕は詳しく資料を読んでいく。すると、レポートを提出することで単位をもらえるということや、スクーリングという学校への登校がたまにあるということが分かった。

　大変そうだと思ったが、挑戦してみることにした。これまでいろいろなことから逃げ回っていたけどしっかりと取り組んでみようと心に決めた。実際にどの学校にしようかとページをめくると「東海大学付属望星高等学校」に目がとまる。そこは通信制で、なにより「静岡分校」があるという。

　望星高校についてもっと知りたくなったので、詳しいパンフレットをもらうために、本校のある代々木上原に向かった。

学校に着くと思っていたより立派な校舎だった。通信制というぐらいなので小さいかと思っていたら鉄筋のがっちりした建物だった。

案内書をもらったときに、受付の女性から、学費の説明や勉強のやり方を教わった。入学金を払えば誰でも入学することができ、そのための試験はないということだった。

僕は望星高校に入学することにした。

そして18歳のとき、望星高校東京本校に入学する。T高校を中退してから、2年後に再開した高校生活だった。

静岡分校へ

宿題のレポートや各教材をどっさりともらい、やってやるぞと意気込む。そしてラジオのFM東京の「高校講座」を聞きながら、それらの教材を使い各自で勉強を進めていくのだ。

なにを言っているのか聞き取れないこともあるので、必ずカセットテープに録音する。それを再び聞き直してレポートを書くのでかなりの時間がかかる。大変だったけど、そうやってひとつひとつのものを仕上げていくのは喜びだったし、今回こそやり遂げなければならないという思いもあった。

そしてスクーリングという登校日もある。月に2回、学校に授業を受けにいくのだ。スクーリングを規定の時間受けなければ単位がもらえないため、頑張って通う。人とのコミュニケーションのないレポートを書いて渡すという作業だけでは卒業することはできないのだ。ちなみに高校卒業のためには80単位以上取得しなければならなかった。そのために必要な年数は4年以上というように定められていて、どれだけ留年しても構わないということだった。中卒の人を救う、いいシステムだと思った。

最初のスクーリングの日、初めて教室にいき、クラスメイトに自己紹介をしたけど、僕はそこで驚いた。今までのクラスメイトとは全然違ったからだ。若い子もいれば、お年寄りもいる。マッサージ師もいれば、電気工もいる。千葉や群馬からきている人もいるし、みんな個性豊かな人たちだった。

僕の小学校・中学校時の友人はそのとき大学入学の年だった。彼らが大学に入学したときに、僕は高校に入学したことになる。そして彼らの多くは地元から東京の大学に出てきていた。僕は彼らによくレポートのまとめなどを手伝ってもらった。あのときはとてもありがたかった。

毎日FM東京を聞き、レポートをまとめ、スクーリングにも欠かさず通い、引っ越しのバイトに汗を流すという生活が続いた。充実しているが実際にはかなりの労力だった。そして「静岡分校」があることを思い出して、これなら清水に帰ってもいいだろうかと思うようになる。

今は高校にもいっているし、バイトもしている。当然、実家に戻っても新しいバイトを探す。それなら実家でもそれほど居心地は悪くないだろう。そうなれば一人暮らしの雑用がなくなり、勉強と仕事に集中できるはずだ。

僕は担任の先生に尋ねた。

「静岡分校に転校することはできますか？」

「できるよ」

家族に電話をすると、そういうことなら戻ってもいいということだった。僕は先生に、

「それでは転校したいです」

と言い、必要な手続きをしてもらった。車の免許は取得していたので、清水に帰ったらトラックの運転手をやろうと思っていた。

帰ってきた男

僕は2年ぶりに実家に戻ってきた。また、狭い長屋で家族5人で暮らすことになる。いくら高校にいくという手前はあっても、出戻りということで肩身は狭い。

実家に戻ってすぐに、望星高校の静岡分校にいく。

東京本校とは違って、静岡分校で持っている校舎はなく、スクーリングは東海短大の教室を借りて行うことになっていた。職員室に入るなり、僕の名前が黒板に書いてあった。

「東京本校から転校生　浜崎憲孝」

それを見てちょっと感動してしまう。

しかしそんな僕の気持ちは、転校の説明を先生から受けることで暗転してしまうのだ。静岡分校のレポート課程は今までの東京本校のものとは違うので、転校するまでの2カ月半の間、東京本校で提出したレポートは無駄になってしまう。つまりその間のレポートも新しくやり直さなければならない。

「えーーー」

と思わず声が出てしまう。
4、5、6月の努力がまったくの無駄になってしまった。また4月からやり直さなければならない。ここまで必死にやってきたことを馬鹿にされたような気持ちだった。
先生たちも僕の心境は分かっていたのか、なんとか説得しようとしていたけど、僕の失望は大きかった。だけどそんなことで辞めるわけにはいかない。今度こそは辞めるわけにはいかないんだ。僕は遅れを取り戻そうと、その日から猛勉強をしてレポートを仕上げていった。

そして実家に帰ってきた以上、働かなければならない。清水では日払いのバイトはあまりないので、しっかりとした仕事を探すことになる。車を運転する職種を探すと、砂糖の配送が見つかった。砂糖をトラックに載せて運ぶ仕事だ。そこで働き始めたのはよかったけど、運転よりも砂糖の積み替えが大変だった。砂糖は1袋30キロもあり、それを肩に担いで持っていくんだけど、それを続けるうちに僕は腰を悪くしてしまった。それは持病となって今でも腰は痛む。

脱落

スクーリングに通う生徒の数はみるみるうちに少なくなってきていた。僕が入った頃は50人ぐらいいたのに、僕が2年次に上がる頃にはだいたい半分しか残らなかった。仕事をやりながらの生徒が多いので、根気がなければ続けるのは難しいのだ。

僕は順調に勉強を続け、2年次も無事に終えることができた。

その頃僕は腰を痛めた砂糖の配送の仕事から、運送会社に就職していた。2トントラックを操って、冷凍食品を静岡県内に配送する仕事だった。

仕事と学校の両立は少しずつ難しくなってきていた。仕事は夜間や早朝にあるため、高校講座のカセットテープを聞くのを怠けてしまうことがあった。1回ぐらい聞かないのはそれほど問題にはならないが、そのうちに2回、3回と飛ばしてしまうようになってきた。これではレポートが仕上がらずに、単位をもらうことができない。

僕は仕事よりも勉強の方を優先したかったのだけど、仕事は忙しくなるばかりで、テープを聞く時間を作ることができない。聞かなければならずに録音しているテープの量もどんどん増えていく。それが3本になり、8本になり、16本になり、僕は焦りから、イライラするようになった。勉強に没頭させてくれるほど社会は甘くないということだ。

そしてそのうちに月に2回のスクーリングにもいきにくくなってしまった。レポートの未提出が続くと、先生たちに顔を合わせづらいし、仕事もますます忙しくなる。そんな僕のことを心配して、先生やクラスメイトから電話もきたけど、僕はなんて答えていいのか分からなかった。

「通信制の厳しい勉強方法についていけなくなってしまった」

そう言うしかなかった。

そして学校にこなくなった人たちもこういう気持ちだったんだろうなと思う。だけど、このまま辞めていいのだろうかという気持ちもある。ここで辞めたら今までと同じことだ。物事が難しくなり、忙しくなり、そうすると僕はすべてが嫌になって逃げ出してしまうのだ。だけどそれは今までの僕の話で、今回の望星高校ではそうしないと誓ったはずだ。

ジレンマはあった。だけど僕は追い込まれていた。

言い訳か？　いや、違う。勉強は続けたい。でも時間がないんだ。それは言い訳じゃないか？　違うんだ。高校は卒業したい。でもこのままでは倒れてしまうし、交通事故を起こしてしまうかもしれない。

自問自答を繰り返した。しかし一日の睡眠時間を1、2時間にしなければレポートを提出することは難しかった。どうあがいても時間だけはどうにもならない。

そして僕は3年次のときに望星高校を辞める。

復活

望星高校を辞めてから肩の荷が下りた感じで仕事に没頭していた。たまにある暇な日の夜は、なにも気にすることなく、酒を飲み歩き、遊ぶことが多くなっていた。その頃の僕はなにもかもを忘れようとしていた。頑張ろうと思ってなにかを始めてもすぐに逃げ出してしまう自分だ。それは3年生のプール脱走のときから変わっていないんだ。そんな自分にはこんな生活が似合っていると思っていた。

月日はあっという間にすぎた。その頃のことはなにも思い出せない。ただ短調なサイクルの一日一日を続けていたという感じだ。望星高校を辞めて2年が経っていた。だけど心の中では、やっぱり高校を卒業したいという気持ちがくすぶっていた。仕事も昔ほど忙しくなくなってきたし、もう一度だけ挑戦したいと思った。これが最後のチャンスという気持ちで僕は学校に電話をした。

「浜崎です。覚えていますか?」

電話に出た先生に言うと、彼は、

「覚えてる、覚えてる。なんで辞めちゃったんだっけかあ？」

と答えた。

「追いつかなくなっちゃって」

と僕は言うと、

「そうか、そうか」

と彼は頷いていてるようだった。そして僕が、

「もう一度学校に戻りたいんです」

と言うと、彼は力強く、

「ああ、ぜひ、こいよ」

と言ってくれた。

そして僕は3年次から編入学することができたのだった。僕は23歳になっていた。

そのときの僕はそれまでの僕とは違っていた。どれだけ仕事が忙しくなっても、決して課題を投げ出したりすることなくやり遂げた。僕をそうさせたのは、今回ダメだった

としたら、本当に人生さえもダメになってしまうという危機感だったかもしれないけど、それまでなにひとつやり遂げたことのない僕にとって、達成感を味わってみたいという気持ちの方が大きかった。

勉強も計画的にやり、頭の中で卒業までの日数を数え、その日が近付くまでとにかく息を詰めて走り続けることにした。

仕事のときにも勉強道具を持参して、空き時間を見付けて勉強をする。分からないことがあれば学校の職員室にいき、先生に直接教わっていた。先生もクラスメイトも僕の変わりように驚いていた。

3年生が終わり、4年生になる。あと1年だという思いが大きくなる。だけど気を緩めない。僕はいつもこういうところまできて、逃げ出してしまうのだった。プールでの脱走も、高校を辞めたのも、バイトを転々としたのも、のりおさんに一度断られただけで漫才師になるのを諦めてしまったのも、全部そういうことだった。でも今回は違う。絶対に卒業してみせる。初めてなにかをやり遂げてみせる。そう心に誓って勉強に励んだ。

通信制高校とはいっても、４年次の二学期には修学旅行もあった。バスに乗り込んで長野にいく。

バスガイドさんが、

「今日は教職員の旅行なのですか？」

と僕に尋ねてくる。

望星の生徒には60歳の人もいるし、40代も50代もいる。顔付きや服装はいかにもバラバラだ。バスガイドさんが僕たちのことを先生だと勘違いしたのも分かる。

僕はバスガイドさんに、

「こう見えても僕たちは高校生です」

と答えた。バスガイドさんは、

「そうなんですか。生徒さんなんですか！」

と驚いて、そのあと笑いながら謝っていた。

卒業

修学旅行も終わり、遂に学校は4年次の三学期に入った。いよいよ僕の高校生活もカウントダウンを迎えた。レポートは忘れずに出していて、スクーリングにも通い、僕はきたるべき卒業の日を待った。

だけど僕は持病の腰をおかしくして、卒業式の日は病院のベッドの上にいた。そしてみんなの卒業式に参加することはできなかった。

卒業式は全国の生徒が東京に向かい、そこで行うということだった。その移動手段がバスになっていて、長時間揺られ続けなければならない。腰痛が悪化している僕にとって、致命的になるかもしれないと医師に言われた。なんとか説得しようとしたけど、医師の許可が下りなかった。

だけどベッドの上で僕は案外、さっぱりとした気分だった。卒業式に出られないのは悔しいけど、卒業することはできたのだ。みんなでその喜びを分かち合うことはできないけど、僕は自分の人生のために卒業することができたのだ。

こんなふうにケチがついちまうんだな。でもいつもと違うのは僕がひとつのことをやり遂げたということなのだ。

僕はむしろそのことが面白かった。


卒業式を東京でやっている時間帯に医師が僕のところにやってきた。そして彼と話をした。

「先生、卒業式のあとに、謝恩会が静岡で行われるんです。それには出れますか？」

僕がそう尋ねると、医師はしばらく考え込んだ様子だったけど、

「いいでしょう」

と言ってくれた。

医師の外出許可が出たことで、僕は謝恩会に間に合うようにスーツに着替え、身支度を整え、コルセットの具合を確かめた。そしてタクシーで謝恩会の会場に向かう。

うきうきしていたので謝恩会の会場には早めに着いてしまった。まだ他のクラスメイ

トは東京から帰ってきていない。だけど先生たちはすでに並んでいたので、僕は1人だけその会場に迷い込んでしまったみたいだった。そんな僕に担任の先生が言う。

「浜崎、みんなが帰ってきたらお前の卒業式をやるぞ」

嬉しかった。その言葉に僕は感動したけど、すぐに先生はこう続けた。

「だけどまだ時間があるから、お前、そこらへんにあるものを食ったり飲んだりして待ってろ」

せっかく感動していたのに、食べ物のことを言われて笑ってしまった。だけどお腹が空いているのは事実だったので、僕は先生たちが整列している中、1人でビールを飲んだり、料理を食べたりした。たまに俺はなにをやっているんだろうと思った。

そしてクラスのみんなが帰ってきた。晴れ晴れとした顔をしている。普通の高校とは違って、生徒たちには深い事情があり、卒業することでそれが報われたような気がするのだ。それに合わせてOBの人たちや来賓の人たちも入場する。

そして僕だけの卒業式が行われた。

　僕の名前が読み上げられ、僕はゆっくりと壇上に近付く。そして大きな拍手の中、卒業証書を受け取る。いつもなら感動して涙も出るところだろうけど、すでにビールをかなり飲んでいて酔っ払っていたので、そうはならなかった。だけど暖かいスープを飲んでその暖かさが体に広がっていくようなじんわりとした達成感が広がる。

「浜崎君から一言」

　突然、担任の先生にマイクを渡された。なにを言っていいのか分からなかったので、僕は、

「えっ！」

と大声で言ってしまった。それでみんなが笑った。

　１９９１年　３月31日　東海大学付属望星高等学校卒業

義父との別れ

望星高校を卒業してからは、波瀾万丈だった僕の人生も少しだけ落ち着いたみたいで、平穏な生活を送っていた。

しかし僕が31歳のときの朝、僕は義父の悲鳴で目を覚ました。時計を見ると、6時。かなり早い時間だ。すぐに僕は飛び起きて、義父の部屋に向かった。すると彼は床の上で転げ回るようにしていた。そして、

「背中が痛い、背中が痛い」

と激しく叫んでいる。

これはとんでもないことになったと思い、ただちに義父を病院に運ぶ。

診察の結果、義父は肺癌に侵されているということだった。そしてすぐに入院ということになり、抗癌剤の投与と放射線による治療が行われることになった。あっという間の出来事だった。

抗癌剤の副作用によって、それまで豊かだった義父の髪や、腕の毛など、すべての体毛が抜けていった。その姿は側から見ていても壮絶なものだった。そして放射線による治療もとてもつらいものだった。治療直後は痛みがないらしいが、少し経ってから胸が焼けるような痛みがくるという。義父はその痛みに耐えるようにして、胸を押さえてうずくまっていることがあった。結局、入院中に義父は放射線で片方の肺を焼いてしまった。

そして一度退院したが、片肺のため呼吸を満足にすることができず、階段を上り下りするのも大変そうだった。少し歩くだけで苦しくなるようで、ゆっくりとした足取りで歩いていた。

義父は酒も飲まず、仕事を熱心にするような真面目な人だった。そして僕にとっては小学校2年生のときから、20年以上にもわたって父親を務めてくれた人だ。小学校3年生のときのプール脱走事件のときや、高校中退のときなど、僕にとっては怖く、そして威厳のある父だった。

そんな義父の弱った姿を見ているのは切なかったし、義父もつらかったと思う。義父はうちでの生活を数カ月続けたのち、再び体調が悪くなり、再入院をした。そのときの検査で癌が肝臓やあちこちに転移していることが分かった。そして義父はそのまま病院で亡くなった。

そのとき僕の頭にいろんな思い出が浮かんできた。小さな頃、ドライブに連れていってもらったり、動物園に連れていってもらったこと、些細なことで口喧嘩をしたこと、殴られたこと、仕事先を紹介してもらったときのこと、僕が腰を悪くして入院したときによく見舞いにきてくれたこと、キャッチボールをしたこと。

そんなことがあとからあとから浮かんできた。義父とはいさかいも多かったし、それほど仲が良かったわけじゃなかったけど、いざ亡くしてみると、その大切さというのが胸に染みて分かった。

おわりに

この原稿を書くために、自分の過去を思い出す必要がありました。すると、よくあんなことをしたなあということばかりで驚きました。その中には、やり直したいなあと思うこともありますけど、そのすべてが今の僕を作っているのです。そう考えれば、無駄なものなどないのだと思います。

あれほど苦労した水泳も今では趣味になっています。運送の仕事をしていたときに痛めた腰の治療にいいということで27歳の頃、始めました。ゆっくりと時間をかけて泳ぐことで、腰の痛みも和らいでいきます。週2回はプールに通っています。そのうちに泳ぎにも凝るようになり、バタフライや背泳ぎまでできるようになりました。小学校3年生のときの自分には想像もできないことでしょう。人の未来は分からないのです。幼年期や小学生の時にできなかったことも、努力をすれば、いつかは達成できるということが分かりました。僕の場合、失敗も多かったりするんですけどね。

32歳頃からはカニエイや友達とロックバンドを作って活動していました。僕はドラムをやっていました。結局、ライブをやったり、人前で披露する前に解散してしまったのですが、3年も続けることができて楽しかったです。メンバーたちもみな満足していました。

さて、僕は今、なにをやっているでしょう?

問題です。

すぐに答えちゃいます。

数か月前まで運送会社でトラックの運転手をしていました。しかし、そのときに酒気帯び運転でつかまってしまい、現在はフリーアルバイターをしています。36歳でフリーアルバイターなんていったい今後どうなってしまうの? そんなことを思ったりしますが、それでも呑気に暮らしています。そんな僕なので、結婚なんていうのもまだまだ先だろうし、もっとちゃんとしなければなとも思います。だけど僕はこれからの自分の人生が楽しみでしょうがないのです。これから先のことを考えれば、「なんだってあるのだ」と思います。

僕は20代から本をたくさん読むようになり、今は図書館によくいきます。図書館にいくといつも圧倒されます。ものすごい数の本があるからです。そして僕はその一冊一冊に、どきどきしたり、はらはらしたり、わくわくしたり、いろんな体験をさせてもらいます。そして僕はぎっしりと本の詰まった棚を見ながら、いつの間にか、ここにいつか自分の本が並んだら幸せだなと思うようになりました。そしてペンを執ったのです。

ついに、その本が出ることになりました。これは僕の人生の中では信じられない快挙なのです。仮装大会で2位になったときや、望星高校を卒業したときや、プールで25メートル泳げたときと同等か、それ以上に嬉しいことなのです。

この本を出版できたのも『ちびまる子ちゃん』の人気があってのことです。静岡県出身で編集の本井さん、本文中に登場してくれた昔のクラスメイトや友達、多田さんをはじめ、さくらプロダクションのスタッフのみなさん、そしてなにより、同級生のさくらももこさんの協力がなければ、出版することはできませんでした。みなさん、本当にありがとうございました。

最後に「はまじ」の人生に付き合ってくださった読者のみなさん、ありがとうございました。そして「はまじ」は『ちびまる子ちゃん』の中で小学校3年生のまま生活を続けています。これからも『ちびまる子ちゃん』を応援してください。

2001年11月2日　浜崎憲孝

文庫版おわりに

ここまで読んでくださったみなさま、ありがとうございます。2002年2月に単行本が出版されて20年が経ちました。単行本から今回文庫本になり、当時は学生さんだった方が主婦になっていたりということもあると思います。

20年前は原稿用紙に手書きで日々書いていました。その後、彩図社さんからワープロを覚えた方がいいと助言されて、中古ワープロを購入しました。たった4行を4時間かけて打ち込んでいました。これでは手書きの方が早いじゃないかと思ったけど、図書館に持参して文章を書き始め、しまいには物語を書き上げてしまいました。今では覚えて正解です。とても早く書くことができるようになりました。

『僕、はまじ』出版後は友人・知人が驚き、「はまじ、本出すなんて凄い……」とか「ほんとに書いたの?」などと言われたりしましたね。あの内容を僕以外に誰か書くことができるでしょう。プールからの脱走、戸川先生との確執、実際の3年4組は僕にとって恐怖だったこと、小学4年生時代の大石先生から教わって泳げるようになったことなどです。

中学1年生の夏頃に、戸川先生が3年4組の同窓会を開いたのですが、僕は断りました。その数年後に先生は他界しました。それに僕は驚いて、同窓会へ参加すればよかった、遅かったですがそう思いました。

友人から聞いたところによると、先生は「浜崎に会いたかった」と言っていたようです。もう僕は泳げるようになっていたのに、戸川先生のことは心にしこりとなって残っていました。

今では本当に後悔しています。先生の好きだったウイスキーと、僕の好きなお茶割りで、当時の心境や先生への感情を伝えたかった。僕の家庭と先生の距離感も知りたかった。当時の僕は家族さえも信用していなかったのです。

出版後は初体験もしました。渋谷の書店でのサイン会、情報番組のインタビュー、ちびまる子ちゃんランドのサイン会……。

正直、当初は嫌でたまりませんでした。テレビに出れば職場に分かってしまいます。

自転車で地元をふらふらと漕いでいるような生活なので、正体が知られることは苦痛でした。職場ではすべて、僕がはまじだということが分かってしまいます。それは僕の名前で分かるのです。

アニメの『ちびまる子ちゃん』では、僕とたまちゃんとかよちゃん、健太、徳ちゃんのみフルネームでした。僕を除く4人には実名公表を問い合わせたようです。だが、僕には来なかった。はまじなら許すだろうと思ったのでしょう。歳を重ねるごとに皺《しわ》は増え、頭は禿げあがり、短髪にしたらアニメのはまじにより近くなってしまいました。

すべてはさくらももこの『ちびまる子ちゃん』が有名になり過ぎたということです。本を出版するときにさくらから電話があり、「今までごめんね」と彼女は言いました。僕は「そんな気にしてない」と返したはずです。

2022年には56歳になり、身体にもガタが来ました。入れ歯、いぼ痔の手術、緑内障と白内障の手術、高血圧、腰痛と近年はこのように身体の不調が多くなりました。

でも作文は欠かさずに行っています。物語、日記、エッセイ、ブログなど……。今の生きがいかもしれません。ただ目がしんどいですかね。

最近は電子書籍作家として活動しています。現在は書店が少なくなりました。そこで電子書籍ならと思いついたのです。ただ表紙作りが苦手でして、さくらのように絵は描けないし、いつもそこで苦労しています。

彼女は天国では、みんなから引っ張りだこになっているでしょう。一緒に飲もう、遊ぼうとたくさんの人に声をかけられているでしょう。スケッチブックを持って広い世界をコジコジのように飛んで、ここだと思ったときは山下清画伯のようにペンを走らせているでしょうね。それだけ絵が好きでしたから。

２０２２年４月30日　浜崎憲孝

彩図社好評既刊本

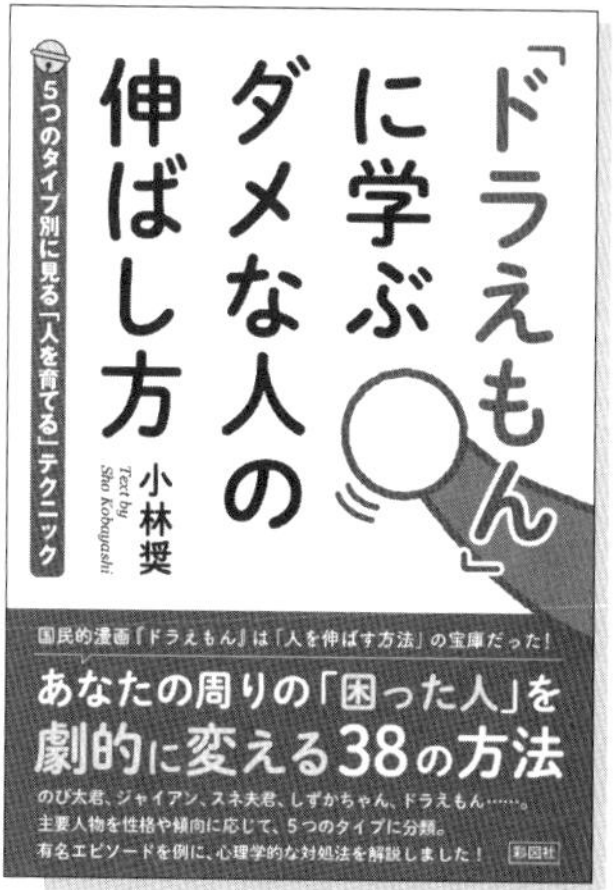

「ドラえもん」に学ぶ
ダメな人の伸ばし方

小林　奨　著

あらゆる世代に愛される国民的マンガ、ドラえもん。
のび太君やジャイアンをはじめ、個性的なキャラクターが登場するこのマンガには、実は「人を伸ばす方法」がたくさん隠れています。本書では作品のエピソードを例にあげ、「ダメな人を伸ばす」具体的な方法を心理学的に解説。職場や家庭などですぐに実践できるテクニックが満載です。

ISBN978-4-8013-0531-1　文庫判　本体 682 円 + 税

■ 著者紹介

浜崎憲孝（はまざき・のりたか）

1965年12月生まれ。静岡県静岡市出身。

転機は小学３年生。水泳が厳しく脱走し登校拒否になる。担任がかわる小学４年生から復帰。中学は楽譜が読めずにブラスバンドへ入部。譜面を１年で解読する。高校中退後、芸人に憧れて上京するものの、夢破れて田舎に帰途する。その後、通信高校を７年で卒業。建設現場、トラック運転手、郵便配達員、演芸場、タクシードライバーなどを経験。2002年にエッセイ『僕、はまじ』（彩図社）を出版。近年は書く楽しみを知り、物語を書いている。

カバーイラスト：浜崎憲孝

僕、はまじ

2022年6月14日　第1刷

著　者　浜崎憲孝

発行人　山田有司

発行所　株式会社　彩図社
東京都豊島区南大塚3-24-4
ＭＴビル　〒170-0005
TEL:03-5985-8213　FAX:03-5985-8224
https://www.saiz.co.jp
https://twitter.com/saiz_sha

印刷所　新灯印刷株式会社

　ISBN978-4-8013-0601-1 C0195

本書は、2002年２月に小社より刊行された『僕、はまじ』を加筆修正の上、文庫化したものです。